すべての夫婦には問題があり、すべての問題には解決策がある

犬山紙子
Kamiko Inuyama

はじめに

あなたはパートナーと味方同士だろうか？　敵対してしまっていないだろうか？

どれだけ円満に見える夫婦にも大なり小なり問題はあります。なぜなら、問題を抱えない人間はいないから。なので「夫婦関係をよくしたい」と思ったときに、**〝問題がすでにあること〟を前提とし、そこからどうリカバリーすればいいのかという視点が必要ではないか**と思うに至りました。

言うなれば「夫婦のリカバリー力」です。似た問題を抱えていても、夫婦ごとの対処の仕方によってその後の展開がまったく異なることはよくあります。

仕事をするうえでも同じです。たとえばミスが起きたとき。起こってしまったミスに対してどう反省し、どのように対処するのか。そうした対応がミスを起こしてしまったことよりも重要視されるはずですし、人間が育つことになります。会社側も「ミスはある程度起こる」という前提のもとに回っているはずですから。

もちろん、問題は起こさないに越したことはないし、努力次第で減らすこともできます。そのために大切なのも〝知ること〟なんですよね。**夫婦間で起こりうるさまざまな問題を先に知り、その対処法のヒントを知っておく。**すると、問題が起こる前に対処できたり、起きた後のリカバリーが非常にスムーズになるんですよね。**知識は問題の重症化を防ぐワクチンのようなもの**です。

そんな思いから、**夫婦関係をよりよくするためのワクチン、ヒント集のような本を作りたいと思うに至りました**。社会にはたくさんの夫婦がいて、さまざまな問題を乗り越えています。そして彼らが持つ、関係をよくするためにしている言語化されていないメソッドがたくさんあるはずです。それを言語化してまとめることで、読む人にしっくりくるヒントが提示できるんじゃないか……。

そこで週刊ＳＰＡ！で「他人円満」という連載を始め、あらゆる問題を乗り越えた夫婦を取材しました。そこから我々に役に立つと思われる教訓をまとめたり、専門家の著書から得た知見をシェアしていったのです。

他人円満。そのタイトルは、**夫婦とはそもそも他人であり、他人同士が円満に暮らすためには、知恵と歩み寄りが必要である**という気持ちでつけました。**何も対策を取らないで他人同士の関係性をうまく保ち続けるというのはほぼ不可能**です。育った環境も違えば考え方も違う、価値観が違うふたりが一緒に暮らしていくわけですから。

我が家も例外ではありません。価値観の違いで言えば私は効率を求めるタイプ、夫は物事の情緒を大切にしています。それぞれの抱える問題としては、私は不安症を過去に二度発症、アンガーマネジメントも下手で、体力もありません。対して夫はセロトニン不足によるうつ症状や、トラウマを抱えていたりします。そういった問題を抱える者同士がどうやってコミュニケーションを取り、支え合うのか。我が家についても本書で触れています。

取材を進めるなかで、**問題を見て見ぬふりをすること、問題が何かわかっていない状況もまた非常に怖いことだと痛感**しました。病識がないまま病気を放っておくことが生死を分かつことであるのと一緒です。この本が「何が問題かわからないが、パートナーと関係性が悪化している」という人の気づきにもなってくれるでしょう。

夫婦のことは男女脳で紐解けるのではないかと思われる方がいらっしゃるかもしれません。しかし、**男女脳は科学的にほぼ否定されています**。私自身「女はこう扱え」ともし周りから思われたら「嫌だな」と感じます。男だからとか女だからとかではなく、個人ごとに考え方は違うわけで。なので、**女性だからアドバイスより共感、男性だから褒めておだてて、みたいな提言はここはありません**。もちろん、男性・女性で置かれる環境の違いはあるので、そこで生まれる考え方の傾向みたいなものはあると思いますが、それは環境で見ればいい話で、男女で区切ることにあまり意味を感じません。**ここに出てくるヒントは自分の環境に近い人を参考にする、くらいがよいと思います。**

そして一番大切なことなのですが、**この本は人の弱さを責める本ではありません**。人間は弱いものです。弱さを認めずに突き進んでしまうか、弱さを自覚して対処していくか、そこも大きな分かれ目です。また、離婚することが必要なケースもあり、そちらについても触れています。

お互いの弱いところを認め合い、問題を自覚し、それをパートナーと協力して乗り越えようとする関係性を作ることができたなら。そういった関係性を獲得した夫婦は、大きな問題が降り注いでいても「絶対信頼できる相手」がそばにいるという状態で問題に立ち向かうことができます。

そんな関係性を築くひとつの要素として、少しでも本書が役に立てれば本当に嬉しく思います。

序文　怒りっぽい私と自罰的な夫

怒りっぽい私と自罰的な夫

犬山紙子（36歳）×劔 樹人（39歳）

私は結婚3年目から4年目までカウンセリングに通っていました。というのは怒りっぽい性格をどうにかしたかったからです。怒りっぽいって「性格だからね」と甘やかされがちですが、周りに悪影響を及ぼすよくない性質、最悪モラハラにまで至るものだと、人と一緒に暮らすようになり強く思うようになりました。

怒りっぽい私は、お腹が空いている状況で時間に余裕がないと無自覚に何かに怒ってしまうという性質がありました。急いで仕事の支度を用意しながら「え、なんで昨日のご飯が冷蔵庫に入ってないの？」「ゴミが溜まってる！」と不機嫌な顔で夫を責めてしまっていたのです。

我が家は「外の仕事、育児家事の量をお互いトントンになるように調整する」という分担の仕方をしているので、私のほうがいつもやっているからそういう愚痴が出たわけでもありません。ただの八つ当たりです。自分でやれという話なのです。

小さい娘もいるなか、こんな理不尽な姿を見せるのは絶対によくありません。夫だってすぐ怒る相手との生活はストレスフルなはず……。優しい夫は絶対に言い返してきませんし。夫はいつか疲れ切って、傷ついてしまうかもしれない。それを防ぐためにも、自分のためにも、カウンセリングを受けようと思ったのです。

身体のことはプロに見てもらうんだから、心もプロに見てもらうのがスジですよね。**カウンセラーといってもピンキリですので「臨床心理士の資格を持っている」「経験がそこそこ豊富である」「初回にしっかりと話を聞いてくれる人である」ことを条件にするのは自分のなかで決めていました。**前にハズレのカウンセリングに出向いた失敗もあったので。

怒らないための対処療法は巷にあふれていますが、それよりは原因療法。「そもそもなぜ自分は怒ってしまうのか？」を知り、根本から修正をするのが狙いです。

カウンセリングで見えてきた、意外な「怒りっぽい理由」

カウンセリングでは私の生い立ちから今に至るまでをじっくり聞いてもらい、そこから「私がなぜ怒ってしまうのか？」を紐解きます。そこで見えてきたのは、「認めてほしい、甘えたい」から怒ってしまっていたということ。つまり**「甘えたいのに甘えられなかった」など、これまで我慢してきた感情を怒りとしてブワッと出してしまっていた**んですね。さらに私は「実は精神的に自立できていないのに、外では自立できているように振る舞うから、余計にいろいろ溜め込んで、なんでも言える夫（自分の一部だと思っているそう）にのみぶちまけてしまう」らしい。当たっている。

イラっとしてしまったり、理不尽に怒りを感じたりしたら、まず「**ああ、私は甘えたいから怒ってるんだ、うまくいかないことを人のせいにしたいんだ**」**と認知することから実践していくことに**。しかし、分析だけでなく守秘義務のある人にこれまで凍結していたさまざまな気持ちを聞いてもらえることって、こんなに大切なことだったとは……。話を傾聴してもらえるだけでも気持ちはかなりラクになりますね。

2回目のカウンセリングでは、アンケートからロールシャッハまで、心理テストをみっちりやってもらいました。その結果、**怒りっぽいことに悩んでカウンセリングに来たのに、実は怒りの数値がそこまで高くないことが判明**。自分で怒りっぽいと思っていたのは「甘えの感情の発散が下手すぎる」ということだったのだと思われます。これ、自分じゃ絶対わからなかったわ。

3回目ではIQテストを受けることに。IQの数字自体を見るというより、**何が得意で何が苦手かを測るのが目的**。案外苦手だと思っていたものが得意だったり、得意だと思っていたものが苦手だったりしますね。まあこれらのテストだけですべてがわかるものだとも思いませんが、指標にはなるかな、という具合です。してもしなくてもどちらでもいいのかなと個人的に思います。

カウンセリングを経て、夫にインタビュー

この本のイラストも担当している夫・劔樹人ですが、彼も同タイミングでカウンセリングを受けていました。彼は私と正反対で、もともと自罰的な性格であったからです。すべて自分が悪い、自分のせいだと思ってしまう、そうやって生きていくのは私以上につらいものです。そして彼が自分を責めるのを止めるためにも、私が理不尽に怒らないのは大切なことだったんですね。

こうやって、**私と夫両方をよく知るカウンセラーさんの力が必要なことがあれば、話を聞いてもらえるという心強い人生のオプションがついた**わけです。仕事で理不尽な目にあったときなどの感情の持っていき方なんかも相談できるので、これまでで一番有意義なお金の使い方だなと思っています。

カウンセリングを受け、夫からは「**怒りの感情が出てきた瞬間を意識するようになった**というのが見ててわかる。一瞬目が怖いときはあるけれど、それも前だったらずっと不機嫌だったのが、すぐに終わるようになった。怒っていることを正当化して、怒りだと認め

ないのが一番面倒な状況だと思うから、自分で怒りを認めて動くだけで違うものだなって」と言われるようになりました。夫も自分を責めてしまったときに、すぐそれを認知して心を落ち着ける動作をするように。明らかに自分を責めてしまった後のリカバリーが早くなっています。

さて、こんな出来事を「週刊ＳＰＡ！」での連載に書いてから1年半経った今、さらに怒らなくなっています。理不尽に怒ることはほぼありません。正当性がある要求も、怒りながらではなく、冷静に優しく話すようになっています。さらには余裕がなくなったときに「甘えたい」とリクエストして夫に話をし

たり、友人に弱音を吐くこともできるようになりました。私は友人に弱い部分を見せるのが本当に苦手だったのです。「重い」とか「迷惑」とか思われるのが怖かったし、そもそも話そうという気にすらならなかったのですが、できるようになると相手も本音を打ち明けてくれて、より仲良くなれました。これは大きな成長です。**弱い部分を見せられる友人はパートナーと同じく一生の財産。**本音で信頼できる人間が増えたことが本当に嬉しい。

私の「認めて欲しい」という欲求は「何かすごいことをしたことを認められたい」ではなくて、「弱さや過去のつらいことを引きずっている自分のことも、友人として、パートナーとして認めて欲しい、ただ生きてていいことを認めて欲しい」ということだったんでしょう。それはすぐにはわからない感覚でした。

いやあ、怒らないでいいっていいですね、私も本当にラクになったのです。正直今、夫とはめちゃくちゃ仲良く信頼しあっています。不安症、うつについては後半またしっかり触れますね。

序文　怒りっぽい私と自罰的な夫　に登場したリカバリーのヒント

1. 夫婦の問題は夫婦だけだと俯瞰して見ることが難しいため、第三者のプロの目が入るとよい。そのためには信頼できるカウンセラーを見つけておくこと。とはいえ、マルチやトンデモには引っかからないよう、臨床心理士の資格を持つかどうかなど基準を持って選ぶべき。

2. 他罰的、自罰的な性格はパートナーとの関係のなかで問題を起こしやすい。「性格だから」と諦めず、改善を試みる。性格は変えられないわけではない。

第1章 「夫婦のコミュニケーション」編

いい話し合いにはルールが必要

コミュニケーションの〝練習〟に取り組んだ夫婦

水谷さるころさん（44歳）×野田真外さん（53歳）

「話し合いだって練習すればできるようになる」

最初にお話を伺ったのは、**漫画家の水谷さるころさんと、映像演出家の野田真外さん夫婦**。おふたりはともに一度離婚してからの事実婚。今は3歳の息子さんと3人暮らしで、はたから見るとさまざまな作業がフェアに分担され、子育ても楽しんでいるように見えます。彼らのルールは一体どんなものなのか？　まずは妻・水谷さるころさんに聞きました。

さるころ「**私は前の結婚で、とにかくなんでも自分がやっていたんです**。仕事も家事も全部自分。そもそも結婚だって私のほうがしたかったので。子どもを産むと考えて逆算すると、アラサーで結婚しないと間に合わないような情報ばかり入ってきて……。でもその結果、ひとりで全部抱え込む生活になってしまったんです。**タオパンパってやつですよね。**お風呂に夫が入ったら、タオルとパンツとパジャマを何も言わないで脱衣所に置いておくのがよくできた奥さんだという。相手はそこまでの人じゃなかったんですけど、私が勝手に『いい奥さん』をやろうとして失敗。後から軌道修正ができなかったんです」

夫がタオパンパになって離婚する夫婦は多いと聞きます。妻を限界まで我慢させるのは、夫にとっても悪手なようで……。

さるころ「**頑張り屋の人ほど、先回りして抱え込みすぎる**んです。で、限界がきて『あれ？　つらい』ってなる。なぜ途中までは我慢できるかというと、苦労してるほうが褒められるし、万能感もあるし不幸ハイになれるから。**でも、これは相手からタスクを奪っていることでもあって。**私からも、相手にお願いするスキルが必要だったんです。言ってもダメだからと諦めて、何でも抱え込みすぎました」

確かに、妻が「察してくれ」と思っていても、夫は一切察することがなく、妻がイライラを募らせる話はよく聞く。察してと思ってしまう気持ちもわからなくはないけど、「**言わないとわからない」を合言葉にしたほうが、無駄にイライラしなくて済むのかも。**

さるころ「もちろん、話し合いにはコストがかかりますよ。仕組みを変えたりノウハウを共有したりするにもコストがかかるし、能力もパワーも必要。日本の学校ってディスカッションする土壌がゼロだし、決められたことに文句を言わず従うことばかり教えられるから、この手のスキルにはめっぽう弱い人が多い」

夫婦で話し合いをしたくなくて会話を避けているという話もよく聞きます。

さるころ「**でも、話し合いだって練習すればできるようになるものなんですよね。**だから、次に結婚する人は話し合いができてタスクを明け渡せる人にしようと決めたんです。私は空手を16年やっているんですが、**空手って物理的なコミュニケーションなんですよ。**組手を見ると性格が見えてくる。夫はもともと仕事相手（野田さんが企画した『行くぞ！30

日間世界一周』にさるころさんが出演）だったのですが、離婚をして彼も空手を始めたんです。仕事だと立場が上だったのに、**空手だと私のほうが先輩だから、突然従順な後輩になって**。40を超えた男が女の話をちゃんと聞ける――それだけでひとつの才能。こいつは伸び代があるぜ！　みたいな。相手の属性に関係なく、正しい言い分に耳を貸すことのできる人は伸びるじゃないですか。空手の型を見ても、真面目で素直な人だなってわかったんです。**彼なら対等にやっていけると確信できました**」

最初につくったルールは「察してちゃん」禁止

続いては夫の野田さんにお話を伺いました。まずは前の離婚の理由について。

野田「いろいろまだ反省している最中ですし、こっちから見える風景と向こうから見える風景は違うと思いますが、**やはりコミュニケーションがうまく取れないことが一番**でした。僕は『夫（妻）たるもの、かくあるべし』みたいなポリシーは全然ないけれど、前の奥さんは、それがすごくある人だったんです。それにうまくハマればよかったんでしょうけど……。『もっと大黒柱として威厳を持って』とか『毎月まとまったお給料をもらってきて』と言われても、僕はそういう生き方をしてないし無理。**家事育児には積極的に参加してましたが、そっちは求められていなかったみたいで。**何か大きな原因があったわけではなく、そういったことの積み重ねだったんじゃないかな」

相手に「かくあるべし」があると話し合いはかなり難しくなりそう。私もツイッターでたまに知らない人と議論をするけど（しなくていい）、**お互い「かくあるべし」があると、納得のいく議論ができることはほぼ皆無。**野田さんの言葉が染みます。

野田「そもそもコミュニケーションの取り方も違う感じがありました。僕はストレートに表現するし、元奥さんは本音をオブラートに包んで、相手の発言の含みを考える。**だから、腹を割って話すのが難しかった。**どうせ本当のことなんて言ってくれないだろうな、と」

なるほど。夫婦でコミュニケーションの取り方について話しておくのは、結婚して最初にしておくべきことなのかも。

野田「**さるころとは議論がちゃんと成立するんです。**『行くぞ！ 30日間世界一周』という僕が企画した番組で一緒に仕事をしていたのだけど、建設的なことを言えば取り入れてくれるし、『いや、それは違うだろ』みたいな反対意見もくれるので、新しい視点ももらえる。彼女は子どもを欲しがっていたのだけど、**この人が子育てをしたら面白そうだなという感覚もありました。**子どもに自分の思想を押し付けそうにないし」

結婚しなきゃいけないからする、ではなくてこの人といると面白そう。そう思える相手と一緒になれるのはすごく幸せなことじゃな

いだろうか。

野田「さるころと結婚して、最初にできたルールは『察してちゃん禁止』です。**『察して』って、責任が発生しないぶん食い違いも生まれる**。勝手に期待して裏切られたって思ってしまうし。例えば僕がイライラしているとき、**彼女は『なんでイライラしてんの？　それを言え』って言うんです**。そう言われて、自分は『俺の怒りを察しろ』って無意識に振舞ってたんだなって気づかされました。普通に考えれば、わかるわけねえだろって話じゃないですか。エスパーじゃないんだから」

これ、どの家庭も刺さる部分があるかもしれない。「**察して**」**は幼稚な感情なんですよね。**それにしても野田さんは、すごく柔軟な方。人のいい部分を見て、自分のよくない部分を修正できる事は夫婦に限らず、他人と付き合っていくうえで欠かせないスキルです。

ケンカになるのは「コミュニケーションの齟齬」が原因

このように、結婚するにあたってコミュニケーションの取り方をどんどんブラッシュアップされてきたおふたり。現在のケンカの頻度は?

さるころ「頻度はどんどん減っていて、今は3か月に1回とかですね。ケンカの発端は一貫していて、野田さんがキレるから(笑)。でも、ひとりがキレているだけでは、実はケンカは成立していないんですよ。**ケンカが成立しない状態が離婚リスク**だということは前の結婚で実感していたので、ガチでケンカするようにしています」

野田「ケンカって『お前が悪い』『いやお前が悪い』という話にしちゃダメなんです。相手の人格に問題があるという話になると、感情的になっちゃうから。**ケンカになるのは、どちらかの人格に問題があるからではなく、コミュニケーションに齟齬があるから。**そのメカニズムを解きほぐす努力はしていますね」

さるころさんが言うには、ケンカには空手と似ている部分があるとか。

さるころ「空手にはルールがあるし、もちろん相手に怪我をさせちゃダメ。それはケンカも一緒です。**キレるということは、相手に一方的に怪我を追わせているようなもの**なんですよ。それはコミュニケーションの取り方としては間違っているから、まずそこをスルーしてはダメですよね」

す、すごい。私はまだまだ理不尽にキレられたらキレ返してしまいそうだ。

さるころ「暴言を吐かれたり、キレられたりしたときは、**その場で『何を思ってそんなことを言ったんだい？』と相手に確認することが大事**だと思います。私も以前は、イライラしている人に何を言ってもしょうがないから、いったん我慢して、落ち着いたなと思ったときに『ああいうのはよくないよね』って言うのがコミュニケーションだと思っていました。そういうオトナな態度を取るのが正しいと思っていたんですが、それは違うなって。なぜなら、**キレる人がキレ続けるのって、キレても許してもらえるから**ですよね」

全国のイライラしやすい人は、ギクッとしたのではないでしょうか。もちろん私もです。

「私のイライラに傷つきながらも許してくれる人がいる」ということなんだ……。

野田「キレる側としても、〝許されて当然〟と思っている部分があるんですよね……厄介なことに。彼女の言うとおり、キレることは加害行為なんですが、本人には加害者意識がないんです。**むしろこっちが被害者だという気持ちでいっぱいなので**」

さるころ「そもそも、相手を攻撃するときに自分が悪いと思って攻撃をする人はほとんどいないんですよ。何かひどい目に遭った、のカウンターとして攻撃してしまうわけで」

でも野田さんがキレる原因ってなんなのだろう。

さるころ「何か思ったとおりのことができなかったときに、何も言わずにどんどん我慢してイライラを募らせて、それが爆発する感じだよね」

野田「自分としては相手に合わせている……要するに〝いいこと〟をしているつもりなん

です。それが癖になっちゃってる」

さるころ「野田さんのような人の場合、先を読んでイライラしないように立ち振る舞えばいいんですよね。遅刻癖のある相手に遅刻されるのが嫌なら、相手が遅刻するのを見越して行動すればいいんですよ」

キレる思考パターンを客観的に分析

最近では、めっきりキレることが少なくなったという野田さん。一体どのようにして「キレる癖」を克服したのでしょうか。

野田「これまでで一番の大ゲンカは、台湾に旅行したときに、僕が行きたいお店に行けなかったことで思いっきりキレちゃったこと。しかも路上で……。そのケンカを日本まで引きずって帰りました」

さるころ「**そのとき、『もうキレるのは容赦しない』と言い渡したんです**。今までは『はい、まぁしょうがないね、ナデナデ』みたいに許容してきたけど、次回はないぞと」

野田「さすがにマズいと思って、**『反省会をさせてください』**と申し出ました」

さるころ「違うでしょ。そのときはしおらしい態度になったんですけど、私としては『まだ信用できん』って感じだったんです。で、**帰国早々、またしょうもないことでキレたんですよ**。上野動物園で行き違いになったんです。私がトイレに行っている間に野田さんも子どもと一緒にトイレに行っちゃって、それを知らない私が外まで捜しに行ったことで『どこに行ったんだよ』ってキレて。だったら『自分もトイレに行く』とか一言LINEでもすればいいのに、逆ギレですよね。それで、『てめぇ、またやりやがったな』と(笑)。反省会はその後ですね」

「反省会」とは、一体どんなことをするんでしょうか……?

さるころ「**『こういう状況では野田さんはこうキレる』という思考のパターンを私が挙げていって、それを本人が自分で書き留めました**」

さるころさんに言われるまで、自分がキレるパターンはわかっていなかった？

野田「そうですね。結局、自分の思考パターンがわかって、『不満があれば我慢せずに伝える』ということと、『相手に対する期待値を下げる』ということを常に意識するようにしたら、だいぶイライラが減った感じはします。**イライラしがちな人に『イライラするな』と言ってもダメなんですよ。なんでイライラするかを考えないと**」

それにしてもさるころさんは、なぜそんなに人の思考のクセを見抜けるんだろう？

さるころ「これは本当に空手のおかげだと思ってます。私は空手2段ですが、後輩の指導をずっとしていると、何が、なぜできないのかを見極められるようになるんですよ。指導してもできない場合は大体〝本人の考える正解〟が間違っています。つまり、相手にとっての正解が何かを見抜かないと指摘できないんですよね」

一方で、野田さんもさるころさんの意見を聞いて素直に変われるってすごいことだ。

さるころ「（元妻との）娘さんからも、いいこと言われてたよね」

野田「**昔のお父さんはイライラしていて、すぐ怒って、怖くて嫌いだった。今のほうがいい！　って言ってくれて。**『学校で、周りはお父さんと口聞かない子ばっかりだから、私変わってるよ』って。**自分を客観視できると、娘に対して上から目線でウザいことを言ったりするのも、自然と控えるようになりますよね**」

自分の思考のクセを知って、相手を傷つけないようにすること。そのためにはコミュニケーションにちゃんとコストをかけること。そして柔軟であること。人のクセを見抜いて指導するのがうまいさるころさんと、柔軟でフラットな野田さん。これからもよりよい関係になっていくんだろう。ふたりの行く末の明るさに拍手です。

COLUMN

超絶ラブラブ夫婦の「ケンカの作法」

友人に、最高超絶ラブラブなＪＮ夫妻がいます。**ふたりはみんながいる前でもハグをするし、キスもするし、愛の言葉も伝え合うんですね。**

私はこの友人が大好きなので「この夫婦推せる……！」「もっといちゃついてくれ！」「もっと愛を囁いてくれ！」みたいな気持ちになっています。シンプルに、大好きな友人が嬉しそうなのはこっちも嬉しくなるってわけです。

しかし、そのラブラブ中のラブラブである夫婦がケンカしたときはどんな対処をしているんだろう。

「夫が浮気した……みたいなケンカはないけど、『こういうことをされると嫌』的な話をするときは、手を繋いだりハグしたりくっつきながら言うようにしてる。

面と向かって言うとケンカ腰になることもあるけど、好きなのが前提だからピタッとくっついて話すよ」

おおお！　不満を伝えるときは嫌な空気がどうしてもできてしまうものだけど、前提である「愛情」を示しながら話すというのは、相手を思いやりながら会話が進みそう。

「でも、議論するときはくっつかない。政治とか憲法解釈とかそういう話のとき。ふたりの意見が分かれるときもあるけど、**お互い『あなたの言いたいこともわかる』って共感し合って、振り返りをして終わる**かな」

これもすごく高度なコミュニケーションの方法です。政治や思想の話となると途端にケンカ越しになる人たちを私はたくさん見てきたし、ツイッターではいつだって議論ではなくケンカが行われている。お互い、相手を論破することが目的だから、埒が開くわけないいんですよね。消耗だけしていく。

それがやっかいだから、夫婦間で政治の話をしないという人も多いんじゃないでしょうか。でも、論破ありきではなく互いに意見を言い尊重し合うことも可能なんですよね。

私も過去のとある事件について、自己責任論を夫に繰り広げたところ「それは僕は違うと思う」と、普段あまり意見を言わない夫が言ったときにかなりハッとしたのを覚えています。夫を尊敬していたからこそ、その言葉が響いて、その後自分なりに調べて考えて、考えを改めたのでした。

あなたの嫌なところを言わせてもらうけど、それは口が臭いことなの
えっ そうなの!? いつもこんなにくっついてるのに!?

怒りに怒りで返さない！

しかし、それでも怒ってしまうときもあると思う。そんなときはどう接しているんだろう？

「寝る前に仕事の締め切りの話を持ち出されたりすると、すぐ怒っちゃう私が悪いんだけど、そういうとき『Jちゃん、怖い』って冷静に言われてハッとする。あとは彼、**涙をこぼすという必殺技を持ってる**んだよ。静かにツーッ、ぽとりって。そうなったら、撫でながらすぐに謝る。彼は怒ることはないけど傷つくことが多くて。そうなると私は自分の粗暴さを反省するんだよね」

わざと彼が泣いてるわけじゃないと思う。でも、怒りに怒りで返すとケンカが泥沼化するのに対し、**思いっきり引くと相手の怒りがすっと消える**というのはまさに！ですね。

ここで大切なのは、**この夫婦が「男のくせに泣くな」とか「男なのに泣いたらみっともない」という気持ちを一切持っていない**ことです。そういう気持ちは余計なノイズにしかならないんですね。「女の涙は強い」とよく言われますが、女性がどうこうというより、涙自体に相手をサッと冷静にさせる力があるという。

ちなみに我が家もです。私が怒ったことに対してつるちゃんは怒り返さず「ごめん、僕が悪い、僕が悪い」と自分をどんどん責めるもんだから、**怒っていたはずの私が焦ってフォローに入ることが多々あります**。「あ、そんなに追い詰めないで……ごめん」とか「感情的にひどいこと言ってごめん」とか。彼のこの態度のせいか、ケンカが長引いたりずっと険悪だったりすることはなく、その日のうちに必ず収束します。

「彼の提案で、どんなに忙しくても週に一度は一緒に夜を過ごす『おそばさまの日』も設けているよ。これは私の実家が毎日夕飯を家族一緒にとるという習慣を彼が知ったときに考えてくれたの。毎日夕飯を一緒にとるのは物理的に無理だけど、一緒の時間は作ろうって。**毎週水曜日はあらかじめカレンダーに『おそばさ**

まの日』って入れてある。でも、絶対にその日にしか入れられない会食や仕事がお互いに入ることもあるから、そのときはリスケ」

夫婦がふたりの時間を意図的に持つことの大切さはこれまでも結構言われてきましたが、**ここで大切なのが「キャンセル」ではなく「リスケ」だということですよね。**「あ、今週無理か、じゃあしょうがないね」じゃなくて「じゃあ何曜日に振り替える？」とふたりの時間を持つことを諦めない。これが案外難しい。でも、リスケそれすなわち「あなたと会いたい」ですものね。ロマンチックだ。

Jちゃんは天真爛漫な魅力に溢れていて愛情豊か。対してNさんは素直で理知的で人を傷つけない。相性がよすぎるふたりはこれからもずっとハグし続けるんだろうなあと思うのです。

離婚歴のある夫と、本音を言えない妻

タクヤさん（40歳）×ミクさん（29歳）

「夫が前妻と使っていた食器がそのままで……」

続いて話を聞いたのはタクヤさん（40）、ミクさん（29）の11歳差ご夫婦。介護職の現場で出会い、一昨年に結婚。タクヤさんは過去に離婚歴があったわけですが、まずはその頃の話から聞いてみました。

タクヤ「**前妻には精神疾患がありました。**ひと括りに精神疾患と言っても症状はさまざまで、彼女の場合、仕事も家事もなかなかできない状態で。結婚当初は僕が働いたうえで家事もこなしていたのですが、自分もつらくなり、離婚しました。まぁよくある『夫は妻に

これをやってほしい、妻も夫にこれをやってほしい、でも、それができない』という状況の積み重ねだったと思います」

大好きな人を支える、その気持ちは本物。でも、**メンタルの疾患への理解がほぼない日本でふたりだけで寄り添って生きていくのはお互い相当つらいこともあったでしょう。**タクヤさんを責めることなんか誰にもできません。離婚後、タクヤさんは職場で出会ったミクさんと交際をスタートさせます。

タクヤ「飲み会好きの職場の先輩が繋げてくれたんです。私、当時は気が強くて自己中だったらしいんですよ。交際を始める際、『タクヤは細かすぎるし主張が強いから、本当にこれからミクとやっていけるのか』とその先輩に言われまして。ハッとしましたね」

相手の話を聞かないのは問題だけど、自己主張ってむしろしなきゃいけないものな気がする。一体どんな主張だったんだろう?

タクヤ「たとえば**『コップはこの位置に置くんだよ』とか私のなかで決めてることがあって（笑）**。逆にミクはあまり自己主張しないタイプ。今考えると、ずっと我慢してくれていたんだと思います」

確かにそれは妥協案がありそうな話ですね（笑）。

タクヤ「ミクが我慢しているときは無口になるというか、イライラしていることはわかるんです。『嫌なことがあるなら言ったらどうだい？』と聞いても『いや何でもない』と。でも、**前妻と暮らしていた頃の食器をそのまま使っていたのがとても嫌だったようで……**」

ミク「彼が前妻と結婚したときに買った家に今も住んでいるのですが、家は売れなくても、せめて食器はどうなの？って。それは私が言うよりも自分で気づいてやるべきなんじゃないのって。飲み会の席で先輩がいるときにやっとそのことが言えました。そうじゃなきゃ、ずーっと言えなかったと思う」

この、妻が本音を言わない or 言えないってのは本当によく聞く話。ミクさんはなぜ意見を言えなかったんだろう？

ミク「**食器を全部取り替えるとなると、それはそれで大変だろうなあ**とか考えちゃって、なかなか言えなかったんですよね」

なるほど、葛藤中だったんですね。「相手はこれを言われると大変だろう」という気持ちと、自分が「嫌だ」という気持ち。どちらもあるけど、**とりあえず自分が我慢をすればいいんじゃないかと考えてしまう**。でも嫌なものはやっぱり嫌だから機嫌も悪くなってしまう……優しさゆえのノー自己主張。

では、そんな相手にどう対応すればいいのか。それは単純に「**まとまってなくてもいいから、今思ってる気持ちを教えて**」**って語りかけるのが一番**なような気がします。思いやりも、嫌な気持ちもふたりで共有して落とし所を考える。夫婦はその繰り返しなのかもしれません。

「育児を人に頼りたくない」というジレンマ

昨年には赤ちゃんも生まれ、今は家族3人で暮らしているタクヤさんとミクさん。子育てはどんな感じで回しているのでしょうか？

ミク「私が育休中で、夫はフルタイムで働いています。子どもはまだ生後4か月ですね。**育児は、全部母乳でやっています。**ほかの家事も全部ひとりでやってます」

4か月といえば、まだまだ細切れ睡眠の時期だ。この時期は夜中でも3時間おきに起きて授乳しなきゃいけなかったりで、ミルクを取り入れないと母親がぐっすり眠ることは無理なんですよね。でも、まだまだ母乳信仰も強いですし……。

タクヤ「今は私だけ2階で寝させてもらっているんです。私が1年ほど前に上司からパワハラを受けて、半分メンタル疾患みたいになりまして……。それで気を使ってもらって、子供が生まれたときから別々に寝かせてもらっています。それを今も続けてくれているというのはとても助かっていますし、感謝しています」

今の時代「お互いメンタルも体も元気でーす」って夫婦のほうが少ないんじゃないのかな。私も不安症の気があって動悸が起きたり、声が出なくなることがあるし。となると、**夫婦ふたりだけで抱え込むのではなく、他者の手を借りることが大切**だと私は思うのですが……。

ミク「子供が生まれたばかりの頃は、週末に実家のお母さんに来てもらって夜間はミルクで、という感じで見てもらっていたんですけど、親には『もう大丈夫』って伝えました。それ以降は私ひとりでやっていますね」

ミクさんも誰かに頼ってほしい……。ご夫婦の話とは別だけど、私がやたらと「人に頼れ」っていうのは理由があって、**母の介護を20代の頃に1年間人の手を借りずにやった結果パンクしたからです**。兄弟にSOSを出し、ヘルパーさんなどをフル活用して、やっと健やかに介護ができていたのです。あと、**無理している状況のときって自分が無理してい**

ることに気付けないんですよ。後になって「あ、あのとき無理してたんだな」とわかる。だからこそ、取り返しがつかなくなる前にサービスの利用を！　です。

タクヤ「でも、**人には預けたくないっていう気持ちもある**んだよね？　完璧主義なのか、人に預けるのはよくない、だらしないっていう気持ちがあるみたいで。私の両親は近くに住んでいるので今日も子供を預けてきたんですけど、4時間預けるのも彼女としては『本当はやりたくない』と。子供が生まれたばかりの頃は毎日どちらかの両親が家に来るような状態だったんですけど……」

これは「母親は育児家事すべてこなせて当たり前である」という世間のおかしな認識を内面化してしまっているからだろうか。ひとりで抱えこみ、無理をしすぎて心身ともに不健康な状態になってしまう人は多くいる。常にイライラしてしまったりと余裕もなくなる。

ミク「たしかにイライラしてたかな」

タクヤ「今もしてると思う……」

ミク「ほかにも、私が子供の世話を否応なしにしなくちゃいけないのに、帰ってきて夫に『オムツ替えて』って言っても『今日は1日1回しかオムツは替えられない』ってふざけてなのか言われたことがあって」

これは……絶対怒られるやつだ。

タクヤ「そんなこと言ったっけ?」

言った側は冗談だし覚えてないんですよ。でも言われた側は絶対に忘れないという。なんにせよ、**夫は心配しすぎるくらいに産後の**

妻のメンタルケアをする！　これが合言葉でよいのかもしれません。

産後の女性は大ケガしているようなもの

ミク「ふざけて言われるのも許せないくらい、私はいっぱいいっぱいだったんです。でも『自分のホルモンバランスのせいかな？』と思ったり、『ここで夫とぶつかっても子育てにはいい影響ないな』なんて考えて、ずっと自分のなかに溜め込んでしまっていて……。でもある日、**腹を割って話し合いをしようと決めたん**です。『あのとき私はこう思ってた』とか『こういうふうに言われるのがすごい嫌だった』と伝えると、夫はちゃんと聞き入れてくれました。とにかく、私としては産後の夫の非協力的な姿がすごくストレスで、『**ずっとこんな感じだったら結婚生活は続かないんじゃないかなー**』というところまで気持ちが傾いてましたね」

ミクさんのこの気持ち、本当に多くの妻が夫に抱く気持ちなんです。子どもを産んだ後に『夫と離婚したい』って言う人が知り合いのなかだけでもどれだけいたか。**産後の女性**

は大ケガしているようなもの。そんな状況で睡眠を削る超ブラックなスケジュールで動かなきゃいけないし、自分のやりたいことはまったくできない状態になってしまう。イライラしてしまうのはホルモンのせいっていうよりも「そりゃそうだよね」ということなんですよね。

タクヤ「ご飯は毎日作らなくてもいいよと言ってますが、ほぼ１００％家で作ってくれてるんですよね。私は仕事で帰宅が遅くことも多いうえ、家事も育児もあまりしていないし……。申し訳ないなと常々思っています。『気にしないで』って言ってくれるのは助かるけど、**夜になると妻も死にそうな顔になって『疲れた』って言ってる**ので」

「作らなくていい」ではなく「買って帰るね」のほうがいいのでは……と一瞬タクヤさんを責める気持ちになるけど、さきほど明らかになったとおりタクヤさんも上司のパワハラに悩む〝休みと癒しが必要な人〟。頑張って今の状況を乗り越えてほしいけれど、そのためにタクヤさんがやるべきことは、『可能な限り人に頼らず子供の面倒を見たい』というミクさんを説得し、**支援サービスについて調べ、導入してみる**ことではないでしょうか。

無理しようとする相手を止めるのを諦めないこと。説得のために必要なのは「なぜ預けたくないんだろう？　どうすれば人に頼れそうか」という対話です。「人に預けるのはだらしない」と思ってしまうのもなぜなのか。そんな意識を解きほぐすのも、パートナーが相手を無理させないためにやらなければいけないことだと思うのです。

タクヤ「職場に僕が今こういう状況であることを伝えたら『仕事のことは忘れて育休を取ってもいいよ』と言ってくれたんです。なので、最悪どうにかなるかなとは思ってるんですよね」

ああ！　いいですね！　**最悪の状況になる前にぜひ動いてほしい。**最後にミクさん、夫にこんな風に接して欲しかったなど希望はあるのでしょうか？

ミク「私が自分のことは後回しにして子供のことを考えているから、**夫には私のことをすごく考えて欲しくて。**体調がどうだとか、眠れているかとか、食べているかとか。あとは子供が泣いてると頭ごなしに『おっぱいじゃないの？』と言われるのは、もう嫌ですね。

『いつおっぱいあげたの？』などとまずは情報を整理しつつ、『じゃあこういうことかもしれないね』と自分で考えて動いてほしかったかなぁ」

これもたくさんの妻が同じことを言っているのを本当に聞いてきました。おふたりは今が人生のなかでも相当つらい時期かと思います。ここを乗り越えられるかどうかがこの先にかかっているはず。寄り添いあい、ＳＯＳを出して無理することなく乗り越えて欲しいと切実に願います。

COLUMN

ケンカの絶えない夫婦の救世主は……ナマズ!?

ペットに夫婦仲を救われたという人は結構多いのではないでしょうか。「会話が嫌でも生まれるし、〝かわいい〟などポジティブな会話になりがちだから良い」ともよく聞きます。**一番はやっぱり「共通の愛するものがある」というのが大きいのでしょう。**

そういえば、以前ペットのおかげでケンカが激減して、離婚の危機を乗り越えたという夫婦の話を聞いたことがありました。彼らは忙しいフリーランス同士で、すれ違いが勃発。**すれ違うとコミュニケーション不足になり、コミュニケーション不足だと日々の不満が解消されません。**そして、たまに顔を合わせたら不満が爆発して……というありがちな悪循環だったそう。あまりにも夫婦ゲンカばかりしているふたりを見かねた友人が週1で猫を貸してくれるようになったそうですが、**猫のいる日はふたりとも「かわいい〜」とケンカはあまりせず、いい感じの**

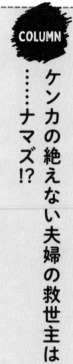

コミュニケーションが取れていたんだとか。

　とはいえ、「猫からしたら週1で違う夫婦のところに行かされるのはかなりストレスだよね……」と妻が反省し、自分たちでも猫を飼おうと思ったそう。ですが、「今忙しくて自分のことだけでもいっぱいいっぱいなのに猫を飼う余裕があるのか」と自問自答が始まり……悩んだ末にデパートで**〝レッドテールキャット〟を飼ってきた**そうです。


え？　結局猫を飼ってるじゃん！　と思うかもしれませんが、レッドテールキャットは猫ではなくナマズです。魚だから猫よりは飼育が簡単だろうと。一応キャットってついてますしね。

夫は一瞬「今晩のおかずかな？」と思ったそうですが、夫婦ともどもその魅力にやられたそうで。「めっちゃ懐くし顔がマヌケでかわいい」らしいんですよ。画像検索してみたけど、確かに顔はかわいい……。しかも触覚を頼りに餌を手渡しで食べてくれるのもいい。ちなみに、地震はまったく察知しないそう。

それ以来、ケンカになってもナマズの顔を見ると妙に和んでしまい、お互いす

ぐに謝るようになったという嘘のような本当の話です。頭に血が昇っても、ナマズがプルプルしてる顔がカットインしたら「私、なにこんな怒ってるんだろう」となるらしいですよ。

真剣にこの話を捉えるなら〝間抜け力〟が大事だという話になるわけですが……要は**いきすぎたケンカをストップさせる「第三者の目」が一番大切**なんだと思います。いや……ナマズなんだけども、ナマズといえど生きてますからね。**興奮しているときに自分を客観視するためには、1対1よりは3人が良い**わけで。とはいえ、言葉のわかる子どもは巻き込みたくないですしね。

ついつい怒りすぎてしまう人、アンガーマネジメントがうまくいかない人。ナマズ、いいかもしれません。ナマズからしたら「知らんけど」って話なのでしょうが。

第1章 夫婦のコミュニケーション編に登場したリカバリーのヒント

コミュニケーションでストレスを溜めない・溜めさせないためのヒント

3. 「察して」は禁止。「パートナーには言わないとわからない」を常に念頭に置く。察して欲しいと思い続けると相手が察してくれないこともストレスに変わり、雪だるま式にストレスが増えてしまう。

4. 夫婦に「夫たるもの、妻たるものかくあるべし」を持ち込まない。属性より個性を見る。

5. 話し合いはコストがかかるため避けがちだが、コストを最小限にする方法を考えておく。そのためにはノウハウの共有や話し合いの仕組みを変えること。話し合いがスムーズにできるようになると、問題をこじらせることなく解決できる夫婦になれる。

6. デートの予定が難しくなったときは、キャンセルではなくリスケする。「あなたとデートしたい」という気持ちを伝えることが大切。

7. 「とりあえず自分が我慢すればいい」と思って我慢し続けるといいことは起こらない。我慢の先は孤立である。

8. 家事育児をしない人が相手に「家事しなくていいよ、無理しないで」というのは意味がないどころか相手にストレスを与えている。そう思うのであれば自分もやるか、外注先を探すなど相手が無理をしないために動く。

9. 事情を聞かずにクソバイスをしない。「こうすれば?」と思っても、まずは事情を聴く。たいていのクソバイスの内容は考え済みである。

夫婦ゲンカをいい議論に変える ヒント

10. ケンカ(議論)をすることは、人格否定ではなく、コミュニケーションの齟齬をなくしていく作業だと理解する。

11. キレることは相手に一方的に怪我を負わせているようなもの。自分のキレる思考パターンを整理しておくとよい。キレるのは「被害を受けた」という意識からくるものが多い。※「冷静に意見を伝えているのに聞き入れられない」など、正当なキレもある。

12. 暴言を吐かれたときは「なんでそんなことを言ったの?」と冷静に相手に確認。相手に対して「キレた成功体験」を作らせない。

13. 「こういうことをされると嫌」という話をする場合は、手を繋ぐなど「あなたのことが好きである」という姿勢を示しながらだと、敵対せず話し合いやすい。

14．政治などの議論をするとき、持論は譲らなくてよい。だが、必ず最後に「あなたの言いたいことも伝わった」と寄り添う姿勢も見せる。

15．男性も泣いたっていい。怒りに怒りではなく、悲しみで返すほうが泥沼化しない（思いっきり引くと相手の怒りがすっと消える）。

16．ケンカをする時、第三者の目がチラチラと入ると冷静になりやすい。夫婦間に関係をなごませる「まぬけなもの」を投入するのもひとつの手

パートナーに無理をさせないコミュニケーションのヒント

17．本音を言わない相手には「まとまってなくてもいいから、今感じている気持ちを教えて」と語りかける。

18．無理している本人は無理していると気が付かないもの。無理している側が「要ら

ない」と言っても、パートナー側が人の助けを借りるよう説得を続ける。

産後の妻とのコミュニケーションのヒント

19. 産後の妻のメンタルケアは必須。その際の夫の対応を、妻は一生覚えていると思っていた方がよい。

20. 産後の女性の身体は大ケガをしている状況だと知っておくこと。動けるからと言って絶対に無理をさせない。

結婚・再婚前にしておくべきコミュニケーションのヒント

21. 再婚の場合、前の結婚で見えた改善点をまとめ、シェアしておくと「いい夫婦関係を築こう」という目標のもと夫婦の関係をスタートできる。

22.

前パートナーと一緒に使っていたものについては、申告して買い直すか、相手に言われる前に相談をする。気にする人もいれば気にしない人もいるが、確認は必須。相手を尊重していることが伝わる。

第2章 「不倫・浮気」編

傷ついた心と関係性はどう癒やす？

日本一の修羅場を経験した夫婦

宮崎謙介さん（38歳）×金子恵美さん（41歳）

宮崎謙介さん・金子恵美さん夫妻といえば、金子さんが妊娠中、宮崎さんが「育休議員」としてマスコミに取り上げられた直後に宮崎さんの不倫が発覚。一転「不倫議員」と呼ばれるようになってしまった経緯を覚えている方も多いのではないでしょうか。

私も当時、『週刊ＳＰＡ！』の連載で痛烈に宮崎さんを批判しました。そして「金子さんの心労は計り知れない。当然離婚するよね」と勝手に思っていたのですが、まったくそんなことはなく。**それどころか、おふたりにお会いするとかなりラブラブ。**あの壮絶な、日本中を巻き込んだ修羅場をふたりはどうやって乗り越えたのでしょう。っていうか乗り越えられるものなの!? きっと当時の報道だけでは見えていなかった部分があるはず。というわけで、まずは金子さんにお話を聞きました。

金子「今でも街を夫婦で歩いていると、パッて私の顔を見られるんです。**仮面夫婦だと思われているらしく、夫が別の女性と一緒にいるんじゃないかという確認なんですよ。**でも、妻本人なので二度見されたあげく『あれ、まだ婚姻関係続いていましたっけ？』みたいな顔をされます（笑）」

そ、それはあまりにも失礼だし、本人からするとかなりのストレスではないでしょうか。でも、「なぜまだ夫婦なの？」と疑問に思うのが、世間の大多数なのかもしれない……。

金子「**変な話、私にとってあの事件は『ちょっとした傷』くらいの感覚なんです。**宮崎にとってはつらい出来事だったかもしれないけど、早めに起きてよかったかもしれないと今では思っているくらい。夫が別の女性と何年越しの本気の恋愛をしていたら、ショックはすごく大きいと思いますが、浅い傷で済んだなあと」

想像していなかった「傷は浅い」という答え。でも、妊娠中の浮気、私だったらとんでもなく暴れると思う。

金子「離婚に直結しなかったのは、**これまで彼が私にしてくれたことや彼の良い部分と天秤にかけたときに、浮気のほうが軽かったから。**お金のことだったり、犯罪がらみの話だったら別れていたかも。ただ、本当に浮気を絶対に許せない人からすれば、天秤にかけることさえあり得ないことなんですよね……」

金子さんにとって、宮崎さんのいい部分とは具体的にどこなのでしょう？

金子「**基本的に、なんでも私のことを一番に考えてやってくれるんです。**妊娠中も、出張に行く直前まで私の分の料理をしてくれたし、子どものことも私以上に調べて準備してくれて。私自身はすごく満たされていたので、**浮気が発覚したときは『うまくやったな（笑）』と思ったくらい。**そのくらい私に時間を割いてくれていたんですよ」

うまくやったなって（笑）。なるほど、これまで宮崎さんが積み上げていた「徳ポイント」が相当、高かったということなのでしょう。

金子「政治家としての宮崎の働きぶりや、仲間のつくり方、先輩に対する接し方などを見てきましたから。政治家として、私には思いもつかないような発想や政策を持っていて、そこを尊敬していたんです。**プライベートでたくさんの男友達に信頼されているのも見てきましたし**」

それだけプラス材料があれば、１回の浮気ですべてをご破算にするのは確かにもったいないと思うかもしれない……（でもやっぱり私だったら深く傷ついて無理かも）。

「世界中が敵に回っても私だけはあなたの味方」

こういった事情はまず報道されませんし、改めて夫婦のことは本人に聞かないとわからないもの。では、当の宮崎さんは何を考えていたのだろう。

宮崎「自分が妻の足を引っ張っていると、何度も悩みました。俺のせいで妻までバッシングを受け、落選して。別れたほうがラクだったかもしれません。**でも、彼女は『世界中が敵に回っても私だけはあなたの味方だ』という態度でずっと接してくれた**」

不倫された側である金子さんまで、支持者からかなりのバッシングを受けたとか。それでも宮崎さんの味方でい続けられる金子さんの強さよ。強さ、というかこれまでふたりで積み上げたものの強さか。

「これまでも、たくさんの難関をふたりで乗り越えてきた」

おふたりにとっては、夫婦の問題よりも世間のバッシングのほうがキツかった様子です。

実際、とてつもない逆風であったことは間違いありませんが、どのようにして乗り越えたんだろう？

金子「子どもが大人になっても、胸を張って向き合える親でいられるように……その一心で頑張っていました。ただ、私より宮崎のほうが参っていましたね。**彼が飛び降りそうに**

なって止めたことが何度もあったし、もちろんうつ状態で、顔面麻痺もありました」

飛び降りそうになるのを何度も止める……。マスコミに騒がれ、日本中からバッシングされることが、人をこれほど追い詰めるんだということは、バッシングする側は肝に銘じなきゃいけない。私もだ。

金子「**でも、じきに自分から前を向いてくれたんです。どうすれば今の状況を打開できるか。**子どものためには何ができるのか。結局、自分が事の発端なのだから、下を向いて腐っていてもしょうがないと動き出したんですね。その姿に救われました」

宮崎「それでもやっぱり、常に己を鼓舞しつつなんですよ。ふと力を抜いちゃうと、ポキッといきそうになるときもありました」

そうは言っても、その底力はどこから？　きっと支える側もしんどかったはずだ。

金子「**これまでも、たくさんの難関をふたりで乗り越えてきましたから。**私が結婚、妊娠したとき、地元の政治家や支持者は快く思ってくれなかったんですよ。女性議員がプライベートを捨てないことには、いまだに批判が集まる。女性議員って結婚すると票数も落ちやすいんです。そのときも、彼の支えが力になりました」

宮崎「**僕が育休を取ると言ったときも、かなり嫌な顔をされましたね。**僕としては、男が育児家事をするのは当たり前だから、深い意味はなく『育休取ります』って言っただけなんです。それでプラスの印象になると思っていなかったけど、叩かれるのはそれ以上に想定外だった」

金子「党内でも、毎日がんがん呼び出されて怒鳴られてたよね。お腹が大きい私も『お前らバカふたりのせいで迷惑被っているんだ』なんて言われて、ふたりで孤立していって……。彼も私も予算委員だったんですけど、ふたりしてメンバーから外されて、『いつ休んでもらってもいいですから』と言われました」

育休を取るって普通に言っただけで、こうなる世界なのか……。**とんでもないマタハラじゃないですか**。

金子「そして不倫騒動後は、『離婚しないと話にならん』と、私までバッシングを受けました。これじゃあ選挙も戦えないから、応援もしないという話になって……」

宮崎「それが本当にこたえましたね」

話を聞いていくうちに、**ふたりは「戦友」なんだなと腑に落ちました**。スキャンダル以前から、さまざまな問題をふたりで乗り越えてきたわけで。あの不倫スキャンダルにして

こんなにたくさんの敵が!!
2人で力を合わせないと!!

も、**スッパ抜かれて日本中からバッシングを受けることで、構図は「妻VS夫」から「世界VS夫婦」になっていったのかもしれない。**日本中を敵に回したときに、ともに立ち向かえる戦友という関係を、それまでにつくり上げていたのでしょう……これは強い。この点は、おふたりに直接話を聞かなければ絶対に持てなかっただろう視点であります。

不倫騒動を乗り越えた先に……

日本中の世論を敵に回した結果、かえって絆が深まったふたり。傍から見てもラブラブなおふたりは、現在育児の真っ最中。夫婦の役割は、どんな感じで分担しているのでしょうか？

宮崎「食事は宮崎。洗濯は金子。掃除は半々ですね。基本的に午前中は仕事を入れないようにして、ふたりで一緒に子どもの面倒を見ています」

おおお、**がっちり家事も育児も平等！**　ちなみに、夫婦の役割分担で不平不満はいっさいなし?

宮崎「家事の分担に関しては、それなりにバランスよくやれていると思います。問題は仕事かな。**僕が働きすぎなんですよ**」

金子「彼は、企業8社の顧問に加えて私のマネジメントもやってくれていますし、自分でもテレビ出演したり、『8·infinity』という会社もやっているんです。あと、私がやっている企業顧問の仕事の顧問みたいになっていますね。事務作業も全部やってくれるんですよ」

宮崎さん、どれだけ働くんだ……。とてもじゃないけど育児と両立できない量に思えるが……。

宮崎「**キャパオーバーにならないようにコントロールするのは、僕のほうが得意なので。**妻の負担を部分的に肩代わりしつつ、自分の負担はどうでもいいアポイントメントを飛ばしたりして調整している感じですね」

宮崎さん自身は不満などないのだろうか？

宮崎「化粧したまま寝ちゃうのがムカつきますね（笑）。落として寝ろよって、しつこく言ってるのに、それでも寝ちゃうんですよ」

金子「寝ている間」にメイク落としシートで拭いてくれたこともあるよね」

宮崎「だって、メイクしたまま寝ちゃった翌朝に、肌がパサパサだって落ち込むから。それを見てるほうが面倒くさいんですよ。基本的に、この人の欠点は落ち込みやすいことなんです」

ノロケでしかない。**お互いの長所短所を知り尽くして、サポートし合っているんですね。**そして、そもそも不倫問題の前にかなりの問題をふたりで乗り越えてきていた。そうやって生まれた絆の強さをこのふたりは証明しているのかもしれません。

もちろん、どんな夫婦も不倫を乗り越えられるわけじゃありません。不倫はされた側の自尊心が激しく傷つきますし、不倫がバレた側もずっと自分を責め続ける地獄に足をつっこみます。でも、乗り越えた末に余計に仲良くなった夫婦もいるという事実は、今問題にぶち当たっている夫婦にとっては、結構な勇気になると思うんです。あれだけの騒動に比べたら大抵の問題は小さなもの。……これからもお幸せに！

COLUMN

「夫、妻が一度きりの不倫をしたら……？」

夫や妻の浮気がわかったら、夫婦はどうなるのか。これはもちろん、夫婦によってさまざまです。

世間ではどう考えているのか、ツイッターで既婚者にアンケートをとりました。

「夫、妻が一度身体だけの不倫をしたらどうしますか？」

回答数は6時間で1764票。その回答をまとめると、**別れる：別れないは男性が3：4。女性が9：11。**均衡していました。

離婚って今ある生活サイクルを全部変えなきゃいけないので、したくてもできないという不安はかなり大きいでしょうし。女性は経済的なことを考えてというのも大きいと思います。養育費未払い問題もありますし。「別れない」が男女ともに多いわけですが、**安直に「浮気は許してもらえる」というのとは違ったりするんだろうなとも思うのです。**相手を激しく傷つける行為であることには変わりありません。

さて、こういうアンケート結果をどう自分に落とし込むかですが、もちろん「自分」の浮気防止です。よく「夫・妻の浮気を防止するには」みたいなことが書いてありますが、自分がしない前提というのは認識が甘すぎると。

もちろん、夫婦のコミュニケーションがまったくないような場合はお互いの歩み寄りが必要かと思いますが、浮気の原因ってそれだけじゃない。浮気をされた側の落ち度にするのはあんまりだなと思うんですよ。

てなわけで、やれることといったら自制。

ちなみに弁護士の三輪房子さんは、浮気防止のために夫のトランクスをはいているそうです（かわいい）。

さてみなさんはどう対策をするか。今の時代、バレなきゃいいは通用しません。私はLINEのアイコンを夫の顔に変えてみました。夫と会話するときわけわからないことになってしまいますが……。

ちなみに不倫についての文献を読み込んでいる評論家の友人に自分が不倫をしないためにできることは何？と以前会話をしたことがありまして。

その時に

・周囲に自分が不倫に否定的だと発信すること
・周囲に自分たちが優れたカップルであるとアピールすること
・嘘でもパートナーといちゃつき続けること
・裸体の希少度を下げないこと
・役割を固定しないこと
・ストレスを与えないこと

という回答をもらったことをシェアします。

とりあえず私もここで、夫最高！　と高らかに宣言しておきます。

COLUMN

ダメだとわかっていても……不倫に走る理由

家庭をぶち壊したくはない、でも不倫はしてしまう。そんなたくさんの既婚者が抱える矛盾。世間を騒がす不倫のニュースを聞くたびに「なぜそこまでリスクの高いことをするんだろう？　いっときの性欲と失うものを天秤にかけると、『不倫しない』一択では……」と思っていたけれど、もしかすると**原動力が性欲であるという前提が間違っているのかもしれません。**「不倫なんてリスクの高いことはしないと思っていたのに」という当事者も多いんじゃないのか……。

というわけで不倫を理解すべく、エスター・ペレルの『不倫と結婚』（晶文社）を読むことに。著者は膨大な数のカップルを世界中で見てきた心理療法士で、彼女の知見が満載の一冊であります。

そこに書かれていた答えは**「人が不倫のなかに発見する最も魅惑的なものは、**

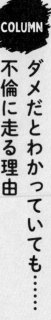

新しい相手ではなく、新しい自分自身である」というもの。つまり、不倫を通して新しいアイデンティティを発見することに人は惹かれ不倫をしてしまうと。なるほど、**円満な家庭でも不倫が起こりうるのも「新しい自分」を無意識に欲してのこと**なんだろう。「よーし、セックスだ！　不倫だ！」というより「ある日、新しい自分への強烈な好奇心に出会ってしまった」からなのかもしれない。

もちろん性欲もここに関わってくるとは思うけれど、**性的興奮とは魅力と障害によって引き出されるもので、「不倫をしている」という状況による部分が大きい。**実際に、不倫関係から晴れて公にパートナーになった瞬間セックスが盛り下がったり、すぐに破局するということが多くあるらしい。「次いつ報酬をもらえるかわからない」という不確定な状況は依存状態を引き起こしやすいという性質も手伝って、不倫中だからこそ人は盛り上がるというのも知っておきたいポイント。**要するに「新しい自分を手放したくない」かつ「性的に依存してしまう」から「離婚しないとまずい」とわかっていてもやめられないと。**なるほどなるほど。

次に、不倫発覚後のカップルはどのような精神状況に陥るのか。まず、不倫をされた側は激しく自尊心が傷ついてしまう。それは**不倫そのものよりも、果てしない隠蔽工作に深く傷つく**そうです。人は未来が予測不可能であることは甘んじて受け入れますが、過去は信頼できるものであることを期待するそう。積み重ねてきた歴史や日常が汚染されたと感じてしまうのは地獄でしょう。

ちなみに、**不倫した側もとてつもなくつらい日々を過ごすことになる**とか。こうありたいという自分と、現実の自分とのギャップに苦しむなか、パートナーに責め続けられ、それをひたすら受け入れ謝罪を続ける日々。人間、自分で自分を責める状況が一番きついと私は思っているのですが、まさにその状態です。

……と、**こうしたメカニズムや不倫後の地獄を不倫してしまう前に知っておくことがワクチンになる**と強く感じました。既婚者である自分が誰かに惹かれたとき、客観的になれるのは強い。**欲求を抑えられるとは断言できないけど、ブレーキにはなる**はずで。この『不倫と結婚』を読んでおくのもオススメです。

著者のエスター・ペレルも、**不倫については不倫後ではなくカップルの関係が**

穏やかな段階で話し合っておくべきということを書いていました。「絶対不倫はしないけど、それでもお互い不倫をしてしまったときのことについて語り合おうか」と話をしておくこと自体が「不倫をしないための布石」になるかもしれません。

ここまで書いたように、不倫された側は、自分が積み上げてきた日々が汚染されたような苦しみや、自分には愛される価値がなくなったという自覚、大切にしていた日常がブツっと切れてしまったような居場所のなさ、孤立感など、とにかく自尊心が傷ついた状況に陥るそうです。**そのため、不倫された側に必要なゴールは自尊心を取り戻すこと。**パートナーとの生活にしかアイデンティティがないわけではないですから。自己評価をパートナーの影響から切り離すことが大切だそうです。なるほど、こうやってゴールがわかっていると少しラクかもしれない。

そして**不倫で受けるショックはトラウマにもなりますので、プロに入ってもらうことが必須**と感じます。誰かに否定されず話を聞いてもらうことが大切なわけですが、不倫されたとなると話せる相手も限られますし、友人から「だから言ったじゃん」「私はずっと嫌いだったよ」などと傷つくことを言われることもあります。別れないという決断をすると「別れないなんて自尊心はないの？」と冷ややかに見られることもありますから。

また、**パートナーに怒りをぶちまけるのも大切**です。そうして、傷ついた状態から徐々に自尊心を取り戻すための行動に出るわけです。オシャレをしたり、友人に会ったり、気になっていた趣味を始めたり……。**自分が大切にされ、いい気分になる場所に出向いて、自分の価値にまた気づいていく。**

不倫した側はした側でとにかく謝罪し、寄り添い、相手が不安になる前に察知し事情を説明し続け、そして自分の人生においてパートナーがどれだけ重要で中心的な存在であるかを何度も何度も伝え続けることが大切だそうです。**そうやって相手の傷ついた自尊心を回復する手助けをする**んですね。

ちなみに行動科学者によると、復讐では憎しみを消すことも苦しみに終止符を打つこともできず、罪の不快さを長引かせることになるそうです。**「復讐で私も浮気をする！」は悪手**ということですね。

と、ここまで書いて**やはりこんなに大変なことはしないほうがいいとつくづく思います。**では、パートナーとずっとエロチックな関係でいられるのか。これに成功しているカップルは、**互いの中心に謎があることを難なく受け入れている人たち**だとか。性的なプライバシーが十分にあり、お互いがエロチックになれるスペースが確保されている人たち。**つまり、相手のセクシュアリティまで自分のものと考えていない**こと。不倫されたくないからとなんでもかんでも縛り付けると、逆効果でどんどん欲情されなくなるということですね。

幸い私たちは、よく知った相手でも新しい目で見ることができます。パートナーがひとりで何かをしている顔を見て、よく知っているはずの相手の知らない一面を見つけること。**そういうことも日頃からやっておくと、不倫やセックスレスの芽は摘めるのかもしれません。**ちなみに「長く続く恋愛関係における欲望の秘訣」とネットで検索すると、ＴＥＤ（著名人の講演が無料で視聴できる米国のメディア）でペレルの講演を見ることができます。こちらもぜひ見てください！

不倫をしないためのヒント

23. 浮気防止のためにはまず自分から。自分を信用しないところからスタート。

24. 不倫を防ぐには、①周囲に自分が不倫に否定的であると発信すること②自分たちが優れたカップルであるとアピールすること③嘘でもパートナーといちゃつき続けること④役割を固定しないこと⑤ストレスを与えないこと⑥裸の希少性を高めることが有効。

25. 人が不倫のなかに発見する最も魅力的なものは、新しい相手ではなく、新しいアイデンティティの発見。こうした事実を知見として事前に知っておけば、不倫の抑止力になる。

不倫された側が立ち直るためのヒント

26. 不倫された側が目指すべきゴールは「自尊心を取り戻すこと」。そのためにはプロに頼る、感情を我慢しない、いい気分になれる人に会う・場所に出かけるなど行動を起こすこと。ひとりで抱え込むことが一番ＮＧ。

27. 復讐で憎しみを晴らそうとするのは悪手で、苦しい時間が増える結果になる。

不倫した側がすべきことのヒント

28. 不倫をしてしまった側は、傷つけてしまったパートナーがどれだけ重要であるかを何度も伝え続け、相手の自尊心をケアすることを最優先にする。

29. 浮気の証拠を見つけられたら、とにかく謝罪し続ける。無視されても、毎日謝罪の連絡を。

30. 不倫で離婚に至らないケースは、それまでのパートナーへの善行の積み重ねがあってこそ。小手先でどうにかなるものではない。

31. 不倫された側は、不倫の事実よりも果てしない隠蔽工作に傷つく。

32. 不倫をした側も、理想の自分と現実との自分との乖離、パートナーから責められ続けること、謝罪し続ける現状に精神的にかなり苦しむ。

不倫問題をふたりで乗り切るためのヒント

33. 不倫も離婚しないと決めたら「ふたりで乗り越えるもの」になる。これまで一緒に寄り添い、さまざまな問題を乗り越えてきた経験がものをいう。

34. 周りから「可哀想な人」「まだ離婚しないのか」「あなたのパートナーは最低」「見る目がない」と責める目を向け続けられることもまたストレスである。

第3章 「家事の分担」編

家事に対する罪悪感を抱え続ける危険

超仕事人間な夫と、ワンオペ妻

リクさん（39歳）×ユリさん（39歳）

お互いが"スーパーブラック"な環境だからこそ……

ここでお話を聞いたのは、広告代理店勤務の夫、タカシさん（39歳）と、元読者モデルの妻、ユリさん（39歳）というご夫婦。10歳の息子さんがいるおふたりですが、代理店マンの忙しさってかなりのもの。いわゆる家事育児のワンオペ問題を、どう乗り越えてきたのでしょう?

というわけで取材に伺ったところ……うわ、ユリさんめっちゃ素敵。

タカシ「でしょ。高2の12月3日に初めてできた彼女がユリちゃんなんです」

お、妻を下げないタイプの人だ。これは結構大切なポイントで、謙遜のつもりで身内を下げる人がいるのですが「この人はパートナーになぜこんなに上から目線なのだろう」と苦手意識を持たれることが結構あります。下げるより褒めるほうが断然好印象というのが私の見解です（親友にパートナーの愚痴を言うのはまた別）。

ユリ「付き合う前、それはもうしつこかったんですよ。付き合いはじめた途端に『1か月記念日やで』とか言われたし。こわ！って。今もストーカーって呼ぶことがあるくらい」

なるほど、タカシさんがユリさんのことめっちゃ好きなのが伝わってきます。さて、代理店勤務の夫となると、シャレにならないほど忙しいはず……。

タカシ「結婚してもうすぐ10年なんですけど、平日に家で晩御飯を食べたことって、たぶん20回くらいしかないいんじゃないかな」

ユリ「毎日24時すぎにしか帰ってこないし。だから、彼に何かやってもらおうとは思わなくなっていきましたね。いいのか悪いのかはわからないけど、子どものことも手続き関係も、全部自分でやっとけばいいわって。あとはもう、パパは放っておいて子どもと楽しむ。今は家にいられるほうが嫌なくらい（笑）」

小さな子どもを抱えてひとりで全部やるのはめちゃくちゃ大変なはずだ。それでどれだけの妻が夫を憎み、離婚にまで発展したことか……。

ユリ「でも、やりたい仕事をやりたいだけやってほしいという思いは昔からあったんですよ。**子どもにも『パパは、お仕事はすごい頑張ってるんだよ』って、それだけはずっと言い続けてます。**家ではあんなんだけどね、みたいな（笑）」

タカシ「正直、めちゃくちゃ忙しいです。先輩の誘いは断ったことがないし。これは会社に入ったときに教えられたんですけど、先輩から名前を呼ばれたら、『はい』じゃなくて『暇です』って返事をしろと」

うわあ。ガチブラックじゃないですか……。

タカシ「僕、英語がしゃべれるみたいな特殊能力が何もないので、『とにかく言われたことを全部やる』ってことしかできなかったんです。もともとは5年間の契約社員として入社したので、正社員になるのはかなり難しいはずなんですが、先輩にかわいがってもらったおかげで、４年で正社員になれたんですよ。それで、受かったときに真っ先にユリに電話したら、『役員になれよ』って言われて（笑）。肝が座ってますよね。ユリは家事も完璧で」

なるほど、**いわばお互いの環境がスーパーブラックという、ブラック加減でいうとバランスが取れているわけか……。そしてお互いの仕事をリスペクトし合っているのが伝わってくる。**

とはいえ、ワンオペは産後うつを伴うことがあるし、ブラックな環境がうつを誘発することが多いというのも事実。本来は絶対に避けるべき事態だし、ユリさんのストレスも相当なものだったはず。

以前、私は専業主婦にアンケートをとったことがあるけれど、みなさん悩みを抱えていました。「働きたい」と答えた人はかなり多く、悩みの内容は「家事はどれだけやっても当たり前と思われる」「いくら頑張っても評価されない」「お金を使うことに罪悪感がある」「自立できない恐怖」「社会的地位が低いと思ってしまう」というもの。ユリさんはどうだったんだろう？

妻の負担・不満を「お金で解決」

ユリ「夫の会社もたいがいブラックだけど、わが家もブラックだよねって、いつも言ってるんです。過重労働ですよね。だから**『超過労働に対しては、お手当をください』と要求**するようにしています」

おおお！　労働には対価を。家事も外注すればかなりの時給が発生する労働ですから、当然の要求です。とはいえ、現実的にはなかなか言い出しにくいもの。ユリさんとタカシさんの場合、対等に話せる関係性があるから、こうやってストレートに言えるのでしょう。素晴らしい。

ユリ「毎週、息子が習い事をしているのも、もともとはパパが『始めさせよう』と言ったんですよ。送っていくのがちょっと面倒くさい場所にあるので『じゃあ、毎回パパが送っていってね』という約束だったんです。でも、**もし仕事で送るのが無理になったら、1回5000円で代行します**って（笑）」

あははは！　そのシステムめっちゃいい。

ユリ「今週は2回行きますので、1万円もらっていいですか？みたいな。それで、息子とお昼にお寿司を食べたりしています。『今日、パパにお小遣いもらったから』って。たまには服を買ったり。**心のバランスって、割とお金で保てるんですよ**」

これは単純に「お金を使える」ということだけでなく、**先ほどのアンケートの「評価が**

欲しい」という部分が大きいと思われる。対価は人に自信を与えるからだ。そんなルールを自分から提案できるなんて、ユリさんはかなりクレバーな人なのでしょう。

タカシ「**こっちからすれば、お金で解決できるなんて、そんなラクな話ないですよ（笑）。**仕事だったら、クライアントに何かを要求されて、すぐに答えが出せなくても『いったん預からせてください。社に持ち帰って検討します』とか言えますけど、夫婦ってそれができないじゃないですか。奥さんと揉めているときに『いったん預かります』なんて答えが許されるわけもなく、『今すぐ答えて』ってなる。常に即レスを強いられるので、ある意味、仕事以上の緊張感があるんです。それが、お金なら一発で解決できるんですからね」

ユリ「いちいち揉めたくないしね。だから、基本はお金で解決です」

ゲンキ「揉めてもすぐに仲直りするもんね」

なんと息子さんからの冷静なコメントが！　それにしても、この「お金で解決」システムはよくできてる。金額は各家庭で設定するとして、家事を評価という形で労えるチャンスなんですね。

交換ノートで夫婦関係を〝復習〟

「**お互い時間が合わず、すれ違いの毎日**」と言うおふたりですが、これって離婚理由としてよく聞く話。ふたりは、すれ違い生活をどうやって乗り越えてきたんだろう？

ユリ「結婚前から、**何年間もノートを交換してたんです**。その日にあったことを書いたり、質問を書いたり、相手の質問に返事したり。タカシが盲腸で入院したときなんて、『俺は

もう死ぬ』とか書いてたよね（笑）」

タカシ「死ぬって思って、そのときに一番大切なのはユリってわかって、そのままプロポーズしたんです（笑）。最初は手紙をやりとりしてたんですけど、面倒くさくなったからノートに変えたんですよ。今だとＬＩＮＥみたいな方法もあるのかもしれないけど、そのまま習慣で続けています」

交換ノート！ なるほど。ノートは履歴は見やすいうえに、読み返したくなる力がある。**「読み返す」って結構大切なことで、こういう言い方をすると相手に喜んでもらえるとか、逆に怒らせてしまったときなど、夫婦関係の復習がしやすい**んですよね。夫婦関係をスムーズにするツールといえば、Ｇｏｏｇｌｅカレンダーや家事共有アプリなどの印象が強かったけれど、アナログはアナログでいいところがあるんだなあ。

ユリ「『今日、ゲンキ（10歳になる息子さん）が何々したよ』みたいなこともノートに書くようにしていて。『タカシって、ゲンキの成長をあんまり知らないよね』と思ったので、それをわかってもらおうと思って」

さきほど、「結婚して10年になるけど、平日に家で晩御飯を食べたのは20回くらい」と話していたタカシさん。**不在がちな夫に子どもの成長を伝えて、ふたりで喜びを分かち合う**のは、すれ違わないためにとても大切なこと。

ユリ「それだけ帰ってこないもんだから、周りに『旦那さんの浮気が心配じゃない？』とかすごく言われるんですけど、それは全然心配してないです。むしろ、死んでないかどうかが気になる」

タカシ「彼女にいつも怒られるのは、『**生きてるか死んでるかくらいは連絡しろ**』って」

ユリ「電源をオフにしているのか、地下にいるのか知らないけど、夕方の５時とかに電話をかけても出ないときは『あ、死んだ』と思うんです。やっぱり激務だし、そこは心配」

タカシ「この人は本当にすごいです。家に帰ると、ゴミひとつないテーブルの上に、さっきの交換日記がサプリを添えてきちっと置いてある感じ。家計簿の付け方も細かくて、電気代の変化から『なんか電子機器増やした?』って読み取ってくるほど。僕としては、あまり無理はしないでほしいけど、彼女はプライドを持って家事をやっているんだろうなと思うので。どこかの経済学者が、**主婦の作業って年収に換算すると1000万円を超える、それくらいのことはやってるよな**って、みたいなことを言ってたけど、僕も実感として思います」

その感覚を夫が持っているのは素晴らしいことだと思う。家事は他人から評価されにくい仕事なので、**「すごい」と思っていることを口に出して伝えるのはスーパー大切**。結局はユリさんがしっかり自尊心を保てていることで成り立っているはずで。そのためにも大切なんですね。

夫婦間に上下関係をつくらない

このように、夫が仕事で家を空けがちな状況で、過酷なワンオペ育児を妻の機転で奇跡的に乗り越えてきたおふたり。忙しい夫婦がケンカをすると、ついついヒートアップしがち。ふたりはケンカはしないいんだろうか？

「お父さんとお母さん、ケンカしてもすぐ仲直りするで」

息子のゲンキくんが回答してくれた！

ユリ「ケンカがこじれそうだと思ったら、全力でキレ合いますね。私たちは上下関係がないから、なんでも言えるんです」

上下関係がない！　夫婦が長くやっていくための大事なポイントですよね。どうしても「お金を外から稼いでくるほう」が力を持ちがちで、そうなると力の弱い側が我慢をすることになる。その先に待っているのは熟年離婚……でも、上下関係がないと、そのつど不満が吐き出せるから、夫婦関係が悪化する前に手を打つこともできます。

タカシ「僕らふたりがケンカして、別の部屋に言ったりすると、ゲンキが悪いと思ったほうに来て、耳打ちしてくるんですよ。大体、僕なんですけど(笑)。**『マジ言うたらあかんこと言ったで、パパ。絶対に謝ったほうがいい』**みたいに」

えええ!?　どう育てたらそんな、大岡越前みたいに?

タカシ「**小さい頃から、大人というか、〝ひとりの人間〟として扱ってきた**からですかね?」

ユリ「ゲンキに対しては、子供っぽい言葉づかいは一切なしで、全部大人の言葉で話してました。だからなのか、幼稚園のときのあだ名がオバマ」

うははは。しかし、この「大人として扱う」というルールはどうやって決めたんだろう。

ユリ「『子育てルールを決める会議しようぜ』みたいなのはやったことがなくて。でも、お互いいろいろな人の意見を聞いたり読んだりするのが好きなので、**それぞれが仕入れた意見を、土曜の夜にふたりで飲みながら話す**んですよ」

なるほど。忙しくても、週1で話す時間を取ってるんですね。お酒を飲みながらというのも、コミュニケーションが楽しみになる感じがあっていいなあ。

タカシ「最近は、僕も働き方についていろいろ考えるようになってきました。家族のために仕事をしているけど、家族は今のままで幸せなのかなとか、僕もそれで幸せなんだっけとか」

なぜ、今になって方向転換を？

タカシ「仮に、僕に末期がんが見つかって即入院みたいなことになったとして、会社の人がお見舞いに来てくれるのは最初の1か月くらいだと思うんですよ。社畜みたいに働いてきたけど、会社は僕がいなくても何事もなかったように回るでしょうし、そうあるべきだし。**そんなときに寄り添ってくれるのは、やっぱり家族なんですよね。**そう考えるようになったところで、急に毎日早く帰れるわけじゃないけど、家族と向き合う時間をつくるというのは、自分の中で優先していきたいことですね」

ユリ「そんなに早く帰ってこられても、私の仕事がまた増えるだけなんですけどね。『営業終了しておりますけど』って(笑)」

それでまた〝超過労働手当〟が発生するんでしょうね。

タカシ「ほんと塩対応ですよね、でも、**僕のなかで彼女は世界一正しい人。**離婚されたら終わりだと思ってるので、それだけはないように気をつけたい」

方向転換できる柔軟さがあるおふたり。柔軟であることもまた夫婦を続けるうえで必須なのかなと思うのです。

COLUMN

復縁すべきか、離婚すべきか……どう決断すべき？

夫婦関係の亀裂をどうにかしたいが、どう話しかけていいかわからないし、話しかけたら話しかけたで関係は悪くなる一方……。そんな深刻な悩みに対するヒントを、専門家はどう考えるのか。

『身近にいる「やっかいな人」から身を守る方法』（あさ出版）というアメリカの全米トップ精神分析医にも選ばれ・コンサルタント・ビジネスコーチ・ＦＢＩの人質解放交渉のトレーナーも務める、マーク・ゴールストン氏の著書をもとに考えていきます。経歴が強い。人がやっかいな状態になるプロセスだったり対処法が綴られている素晴らしい本なのですが、この本の一部分で夫婦の復縁について触れられているのです。

「復縁セラピー」に必要なのは、お互い「人格」の状態をよくするという根本の

アプローチ。それがなければ問題は解決しないということです。**ギスギスした状態の夫婦はとてもお互いを支援し合っている仲とは言えず、報復し合う仲**だということ。まずそれを自覚するところから始まるのだそうです。この状態の人間はあまり理性的には振る舞えないものだそうで。そうした心構えのまま表面だけ修正してもまた不満は溜まり、結局復縁は不可能に。「どちらに非が多くある」とか、お互いに言いたいことはたくさんあるはず。でも**復縁したいのであれば、互いのモードを整えるところからスタート**なんですね。

夫婦で、まず誓い合う。「今日からはお互いの支援者になる」と。これを誓うのが難しい場合は、第三者（できればプロ）に入ってもらって誓う。そして、**不満やイライラに対して理性的に対処するように努める**こと。**否定的な感情を乗り越えたときの状況を書き留め、1日の終わりにお互い自分が乗り越えたことを話すこと。**失敗に終わったこともです。

これをやり続けるとお互いの気持ちを尊重し合うようになるそうです。よく変わろうとしている相手の努力を感じ、自分の努力も理解してくれる関係になるという。

この土壌があれば、先に起こる問題も対処できるんですね。不満が生まれても、攻撃的に伝えることなく、理性的に「こうして欲しい」と提案できるし、提案されるほうも聞く準備が整っているという。

昨年、私は『ホメラニアン』というラジオをやっていました。これはリスナーさんから届いたお便りを全肯定しながら読むという趣旨の番組です。リスナーさんの頑張ったことも、頑張れなかったことも、１日の終わりの時間に読んで褒めるんですね。すると**いつの間にかリスナーさん同士で褒め合うようになりました。**みんなお互いに支援者になり合っていたのです。私もです。

その手応えは凄かったです。さまざまな性格、年齢、職業の方が同じラインに立って支援者であり続けることができるのだと。ですので、ここに書いてあることは身を持って「効果がある」と私も言えるわけです。

そして、修復が難しい、そもそも復縁する気がないときは「離婚」という選択肢ももちろんあります。この本のテーマがリカバリー力なので修復方法を綴っていますが、離婚したほうがいいというケースももちろんあります。そんなときは、結婚を続けるべきか、離婚をすべきか**「どちらが自分にとって幸せな人生なのか」を一番に考えるべき**です。離婚をしたからといって「悪」では絶対ありません。自分の人生を大切に考えたうえでの決断というのはポジティブなものです。

離れたほうがいいかどうかの見極めについて、ゴールストン氏によると

・その人を頼ったときに心の支えや精神的サポートを得られるか？ それとも、その人は冷淡で暴力的か？

・その人から実用的な支援が得られるか？ それとも支えを求めたら拒まれるか？

・その人は自分の言動に対して責任を取るか？　それとも人のせいにするか？

・その人は信頼できる人か？　それとも信頼性に欠ける人か？

・その人は自立しているか？　それとも依存的な人か？

だそうです。まずはこれらの問いを自分に投げかけてみること。そして、**その相手があなたから得られるものは何か、実際に何を得ているのかも考えてみましょう。**あなたはできること以上のことを相手にしていないだろうか？　精神的に疲弊していないだろうか？　離れたら自分が悪い人間であるように感じて自己嫌悪に陥るから離れられないのではないだろうか？　「どっか行ってくれないかな」「死んでくれないかな」と思ってしまうのは悪い人間だからでなく、人間らしい感情で、そう感じていたら離れるべきだと。

また、相手から離れるときは

・反応しない

・相手の言うことに返答しない

・関係を復活させない

を徹底することだそうです。罪悪感が働いても、「自分の問題を他人になすりつける相手」と居続けることからは逃げたほうがいいに決まっています。どうせこういう相手は新たな餌食をすぐに探し始めますし。

また、DVやストーキング、脅してくるなどモンスター級の相手の場合はすぐに専門機関に相談を。ひとりで解決できる問題ではないので、専門家の力を迷わず借りてください。

家事をしなかった夫がするようになった夫婦

ヨウイチさん（38歳）×マユさん（30歳）

「婚姻届を出す必要性をあまり感じていなかった」

今回お話を聞いたのはヨウイチさん（37）とマユさん（30）。ふたりは共働きで、事実婚６年目のカップルです。３年前に結婚式を挙げ、ヨウイチさん側の両親、そして愛犬の柴犬と同居しているそうです。事実婚を選ばれた理由って何かあったのでしょうか？

マユ「もともとは『結婚式の日に婚姻届を出そう』と話をしていたんですけど、式の準備が整わず、**予定が流れてしまったのが最初のきっかけ**でした。そもそも結婚するという流れになったのも、私の母が何度も『早く結婚しろ』と急かしてきたことが大きくて。夫からのプロポーズもとくになく、そんなこんなで割と**結婚に関して〝人ごと感〟はお互いにあった**かもしれないです」

ヨウイチ「結婚式も周りからの『大々的にやろう！』という圧があったので、そういうもんかなぁと」

マユ「そもそも、同棲中から『子供ができたら結婚する』くらいの考えでした。結婚式を挙げたいという願望もなくて。**結婚する必要性をあまり感じていなかった**んですよね」

ヨウイチ「共働きだから扶養どうこうもないし。僕も必要性はあまり感じてないです」

結婚していると配偶者控除など税金面で優遇されることがあるけれど、共働きの場合そこまで必要性を感じないというのはその通りだと思います。逆に結婚すると、夫婦別姓が認められていない現在、**妻側の名字を変更する手続きやら報告やらが面倒くさい**。

マユ「そうなんです、婚姻せずにここまできているのは手続き的な部分の面倒さが一番大きいですかね。でも、私の親からの『結婚しろ』という圧力は今もあります。いまだに、親から定期的に戸籍謄本が送られてきてますから（笑）」

ヨウイチ「職場なんかでも**挨拶がわりに「結婚した!?」ってイジられますね**」

マユ「デメリットとしては、保険の受取人になれないことですかね。今すぐに弊害が出るわけではないんですけど、将来を考えたときに**現状の制度のままだとちょっと不安に感じる部分はあります**」

保険は事実婚でも受取人になれるタイプがあるにはありますが、選択肢が狭まったり、あとは「家族割」的なものを使えないのもデメリットかもしれません。とはいえ、なんだかんだ**周囲からの圧が一番のデメリット**だろうなあと感じます。いちいち「なぜ事実婚なのか」という理由を話さなきゃいけないし、誰に迷惑をかけてるわけでもないのに理解を得ていかなきゃいけない感じで……。

ヨウイチ「いまだに先輩には怒られますね。『ケジメなんだから』『そういうものなんだから』って」

「ケジメだ、そういうもんだ」ってのはその人の価値観であって、他人にぶつけていいものではない。ですが、人ってこういうことを言いがちなんですよね。知らないから。**事実婚について何も知らないから、そういう人に不安を感じてしまう**という。

自分が知らないものを勉強しようともせずに「ダメ」って言い出したとき、人は〝老害化〟するものですね。

夫を変えた「家事しません」宣言

おふたりへのインタビューはテレビ通話でおこなっていたのですが、チラチラと画面に映り込むモコモコの柴犬に悶えてしまいました……。

ヨウイチ「僕、最近ようやく犬が可愛いと思えてきたんですよ」

マユ「1年半飼ってようやく……」

ふたりのルールにも「犬を大事にする」という項目を挙げてくれていました。しかし、なぜ今になって？

マユ「**最近になって夫が自主的にお世話をしだしたから**だと思います。その前は犬のことで大ゲンカしたこともありました。『お前が勝手に飼ってきたんだから散歩はお前が行け』みたいなことを言われて」

ヨウイチ「記憶にない……」

うっ、「記憶にない」は困りますね。それだと話す前提が成り立たない！

ヨウイチ「『記憶にない』って結構言ってたみたいです。最近はあんまり言わなくなってるみたいですけど」

マユ「**確かに、最近になって夫の態度がかなり変わってきました**」

先ほどからキーワードになっているのが「最近」。犬を愛し始め、態度も変わり……事実婚から丸5年、何があったのか⁉

マユ「私が転職する際に『**今まではど家事をやりません！』と夫に宣言したん**です。私は前職を辞め、その後しばらく休職期間があったのですが、その間もそれ以前も家事はほぼ私がやっていました。ですが、宣言後には夫も私も家事をやらないせいで家の中が荒れ果てまして（笑）。でも、**意地になって2か月ほど放置し続けたところ、ようやく夫が家事をしてくれるようになりました**」

ヨウイチ「家が腐敗していくさまが僕にもわかったので……。そこで『妻にばかり任せるのはおかしい』とやっと気が付きました。

強いエピソードをいただきました。夫がやるまで家事をやらない！と決めても、1～2日で汚さに耐えかねてやってしまう人が多いと思うんですよ。でも、マユさんは**夫が改心して家事を手伝うようになるまで、根気強く待った**わけです。

ヨウイチ「まず、水回りがドロドロだったので水回りの掃除から始めました。それからは、何かを取るついでに机を拭いたりとか、洗濯物を取り込んだついでに洗面台を拭くとか、〝ついでに〟いろいろとできるんじゃないかと思うようになってきて……。**それを続けていくと、家事が気持ちよくなってきた**んですよね」

家事が気持ちいい！　ものすごい変化！

マユ「夫が家事を手伝ってくれるようになってから、**どういうわけか夫からの愛情を感じ**

ることが増えました。最近はお互いがリビングにいる時間も増えてますね」

ヨウイチ「これまでは『家事をやってもらっている』という罪悪感がずっとあったので、小言を言われないよう逃げていた部分があったかもしれないです。**家事の大変さがわかって妻への感謝の気持ちが増しました**し、それに『このままでは俺が捨てられるかも』という恐怖も感じ始めて……。そんな危機感も相まって、徐々に変化していった感じです」

この〝夫から妻への愛情が増した話〟が深いんですよね。「家事をちゃんとするようになったから妻からの愛情が増した」のではな

く「家事をして、妻のありがたみがわかったから妻への愛情が増し、そのおかげで妻から夫への愛情も戻ってきた」という流れです。関係性がある程度成熟した夫婦の場合、**より愛情を深めるためには「示したぶん、返ってくる」ということを大事にすべきなんだろうなあ**と思わされたのです。

一番ありがたいのは健康とメンタルを気遣ってくれる人

「夫が協力してくれるまで家事をしない！」宣言が功を奏し、現在はとても関係がよさそうなふたり。お互いがパートナーにしてもらって嬉しかったことは何でしょうか？

ヨウイチ「妻は**すごく忙しいのに、毎朝お弁当を作ってくれる**んです」

マユ「料理をするのは好きなので、当たり前のようにやってますね」

ヨウイチ「苦じゃない、というのがありがたいなと思ってて。お弁当も食べやすいよう麺が一口サイズになっていたり、ハロウィンのときにゾンビのキャラ弁になっていたり……。優しさを感じますね」

一口サイズになっている麺！　働くことって孤独だったりするじゃないですか。そんなときにお弁当箱を開けて、麺が一口サイズに分かれてるの見たら……ううっ！（泣）

マユ「夫は年の半分くらいは出張していて外食が多いので、**東京にいる間はなるべく手作りのものを食べさせてあげたいな**とは思ってまして」

ヨウイチ「最近血圧も高くなってきてるので、ありがたいですよね」

さきほどヨウイチさんから「妻に捨てられる恐怖」が語られましたが、自分の健康を考えてくれる人なんて絶対に大切にしたほうがいい。**この世で一番ありがたいのは自分の健康とメンタルを気遣ってくれる人ですもの。**これは別に結婚相手じゃなくてもいいけど、そんな人がいるなら関係性を良くするために努力したほうがいいし、そのためにこの本を書いているってわけですよ！

マユ「私が嬉しいと感じるのは、**疲れて帰ると私の布団が整えられている**こと。それは、夫が家事に協力する前からやってくれていましたね」

ベッドメイキング。これは誰でもすぐに真似できそうな嬉しいポイントじゃないでしょうか。しかし、こういう習慣ってふたりがケンカしたときにはどうなるんだろう。

ヨウイチ「**ケンカしたときも逆に続けますね。**やらないのが悔しいので」

マユ「私もケンカしたときは自分の洗濯物だけ洗おうかと一瞬思うものの、『みみっちいな』と思って夫のぶんも一緒にやるようにしています」

ケンカして感情的になった状態から少し落ち着いてきたとき、**相手の優しさが普段以上に心に染みるもの。**相手への感謝が生まれると、話し合いの土壌ができますよね。そこまでいくと**「ケンカ」から「話し合い」に移行できて、よりよい関係になれる**気がする。

さてさて最後に、ヨウイチさんが出張で1～2か月帰ってこないこともあるそうですが、別々に暮らしている期間のルールってありますか？

マユ「**おはようとおやすみだけは連絡しろ、と決めています。**それを守り出したのも最近ですけど。〝生存報告〟だけはちゃんとしろと（笑）」

ヨウイチ「物理的に相手と離れることで、お互いが優しくなれている面もあると思います。『来月も東京にいる』って妻に言うとガッカリされますからね（笑）。でも、旅行がてら出張先に妻が来ることもあったりして。それはそれで楽しいですね」

今回のおふたりは、いうなれば関係性がどんどん良くなってきた夫婦。そう、**関係は致命的なものでなければよくもできる！** パートナーとの関係にちょっと不安を感じるかたは、とりあえずベッドメイキングから始めてみてはいかがでしょうか。

第3章 家事の分担編 に登場したリカバリーのヒント

円滑に家事を分担するためのヒント

35. まずは互いのやっている家事を可視化。「Ｙｉｅｔｏ」など家事分担アプリを活用するのもよい。

36. 家事育児分担のキーワードは「罪悪感」。家事をしない罪悪感を抱えたまま、家事をする相手を見て見ぬ振りしている状態より、思い切って向き合ってみると以前より自分が請け負う家事の分量が増えても精神的にラクで充実した日々になる。

37. 言っても理解しない、家事をしないパートナーには強めのアクションを。例えば「家事をやらない」宣言をし、本当にしない。家の中が荒れても頑張って放置。1か月でも2か月でも放置。

38. 子どもがいると家事をまったくしないのは難しい。その場合はパートナーにとって絶対必要な家事（パートナーの生活のルーティーンにあるもの）をやらないようにしてみると、パートナーが自分で動き出すことになる

39. 仕事によってなど、家事をすることが難しい場合は外注する。自分が本来負担すべき家事を「できないから」と諦めない。

家事の分担でパートナーに不満を溜めさせないためのヒント

40. 専業主婦・主夫の仕事が評価されることは少ない。少しでも気が付いた点はどんどん褒めるようにする。

41. 家事育児の超過労働に対しては、その働きに見合ったお金を渡すのもひとつの手。家事育児が「数字で評価されるべき仕事」であるという意識が伝わる。

42. どんなに忙しくても、週に1回はふたりで会う時間を確保する。コミュニケーションから愛情は生まれるし、ヒアリングしないまま問題を放置することも防げる。直筆交換ノートもおすすめ。

43. お互いの仕事（会社勤務であれ家事・育児であれ）に対してリスペクトしている部分を伝えておくこと。そうすれば互いの仕事への理解も深まる。

44. 妻・夫について周囲に話すとき、卑下して言わない。パートナーは傷つくし、周りからの評価も下がる。

45. 夫婦間に上下関係を持ち込まない。「稼いでるほうが上」になってしまうことで、双方の関係性は「支配と支配される側」となる。また、支配される側となったほうは自分でも内面化してしまい、自分より稼いでいる相手に物を言いづらくなっていくことになる。

46. 愛情は示さないと返ってこない。家事の大変さを理解すると家事をするパートナーへの感謝の気持ちが芽生え、愛情も増大。結果、お互い幸せになる。

47. ケンカして仲直りしたいとき、パートナーのためにベッドメイキングをしてみる。普段家事の分担が少ないほうがやるとよりよい。相手への感謝が生まれると話し合う土壌ができ、「ケンカ」から「話し合い」にスムーズに移行できる。

〝敵対し合う夫婦〟にならないためのヒント

48. 「報復し合う関係」から「支援し合う関係」を目指す。その根本のアプローチを取らない限り、夫婦問題は解決しない。

49. 「今日からはお互いの支援者になる」と夫婦で誓い、不満やイライラに対して理性的に対処するように努める。

50. 否定的な感情を乗り越えたときの状況を書き留め、1日の終わりにお互い自分が乗り越えたことを話す(失敗に終わったことも)。

51. 離婚もポジティブな行動。どちらのほうが自分は幸せなのかどうか問いかけてみる(離れるべき人を見極めるチェックリストは110ページを参照)

52. 特に「なんでも人のせいにして、依存してくる相手」からは逃げたほうがいい。罪悪感を感じさせてくるだろうが無視してよい。

53. DVやストーキングなどモンスター級の相手からは専門家の力を借りて逃げること。

第4章 「育児」編

熟年期に愛情が続くかどうかの大切なポイント

共働きで双子を育てる夫婦

アツヒロさん（41歳）×ノアさん（41歳）

夫が女性と沖縄旅行に……

雑誌編集者のアツヒロさんと百貨店勤務のノアさんは、41歳の同い年夫婦。共働きながら3歳の双子の子育て真っ最中とのことで「絶対に大変だ！」と勝手に思っていたのですが、家事や育児の不満はお互いに「ない」とおっしゃいます。現在の話を聞く前に、まずは二人がどんなふうに出会い、結婚したのか伺いました。

アツヒロ「**22歳くらいで付き合い始めて、同棲期間を経て30歳で結婚**しました。お互い見た目がタイプだったところから入ったのですが、一緒に暮らしてみてもストレスがほとんどなくて。僕はダラダラしがちな性格だけど妻がとてもキッチリしていて、なおかつアドバイスが的確だから助かってます」

ノア「夫のズボラさは一緒にいてラクですね（笑）。家事に関しても、文句を言われることはありません」

夫婦になるきっかけは見た目でもいいし、セックスでもいいんですよね。**その後しっくりきたのならそれでいい。**

ノア「とはいえ、修羅場もありました（笑）。6年前、**夫が男2女2で沖縄に行っていることが発覚**しまして」

アツヒロ「僕が『書籍になりそうな案件があるから打ち合わせに行く』と嘘をついて週末に沖縄へ行ったんです。でも、迂闊にも旅行手配書を自室の机の上に置いたままにしていて。沖縄での2日目の朝、**それを見つけた妻からホテルに電話がありました**」

2日目の朝という一番気が緩んだタイミングでの最悪の電話！　笑っちゃいけないのに笑ってしまう。

ノア「本当は現場に行きたかったんですが、飛行機が取れなくて（笑）。ホテルに電話して『緊急の連絡がある』と言ったら普通に部屋まで繋いでくれました。電話口で『何してんの？』と詰めたら、夫は黙ったまま硬直していましたね（笑）」

アツヒロ「言い訳がてら言わせてもらうと、浮気じゃなくて男友達と仲のいい飲み屋の女のコふたりで遊びに行ってただけなんです。部屋も男女分かれてました。とはいえ電話がかかってきたときは……地獄でしたね」

でも、**浮気を疑おうとすればいくらでも疑える状況**なわけで、その後どうやって収束したのでしょう？

ノア「私は**すぐに実家に帰りました**。うちは二世帯住宅なのですが、同居している彼のお義父さんに心配かけないよう『あなたの息子がこういうことをしたので実家に帰ります』と律儀に報告してから帰りました（笑）」

アツヒロ「親父には説教されましたね。そこから**実家に帰った妻とは連絡も取れない**。『ごめんなさい、また夜電話するね』といったメールを一方的に送る日々が続きました。10日ほど経った後にようやく電話が繋がり、実家まで迎えに行きました。**車中でもひたすら謝り倒しましたね**」

ノア「ヘマはやらかす夫だけど、**根本的には**

嫌いじゃないんですよね。ずっとこの先一緒に過ごさなくなるのかなって考えると、それは寂しいなあと我に返って。毎日謝罪のメールも来てましたしね。逆に言えば、ああやって毎日連絡が来なかったら、別々の道を歩むことになっていたかもしれないなと思います」

浮気の疑いからのリカバリー。アツヒロさん夫婦の場合、妻はまず傷ついた心が休まる場所に逃げ、夫がひたすら謝り続けました。**傷つけた相手には誠心誠意謝り続けるしかない、というごく当たり前のこと**なのですが、無視されるなかそれを続けるのは難しいことなんじゃないでしょうか。でも、それができたからこそアツヒロさん夫婦は危機を脱し、今は円満な関係を築いています。「疑い」の段階だったからというのもあると思いますが……。

里帰り出産をあえてしなかった理由

では次に、おふたりの家事育児の役割分担はどんな感じなのでしょう?

アツヒロ「仕事柄、時間が不規則で夜は帰りが遅いんですよね。でも**朝は比較的時間の融通が効くので、僕が保育園へと双子を送っています**」

ノア「私も会社員なんですけど、時短ということで10時から17時まで勤務をしています。夕方からは私が時間の融通が利くので、保育園にお迎えに行ってご飯を食べさせて寝かしつけます。**夫が午前中動けなかったら、時短勤務でも復職は到底できなかった**と思います」

アツヒロ「僕も仕事が落ち着いているときは極力早く帰宅するようにしています。それでも20時前とかになっちゃうんですけど……」

さきほど、おふたりの性格がすごくしっくりくるというお話を聞いたけど、家事育児の役割分担も非常にしっくりくる形に落ち着いているようです。しかも、話を聞いていると**アツヒロさんの「夫も育児をするのは当たり前」という認識を常々感じて、心強い限り**です。

ノア「うちの子は双子なのですが、夫は世間一般の夫婦よりすごく育児に関わってくれてると思います。**なにか私が『こうして』と指示をしなくてもひとりでやってくれる**ので。あと、強いて言うなら食事を作れるようになってくれるとすごくありがたいなと思います（笑）」

しかし最初から「俺が手伝うよ」じゃなくて**一緒にやるのが当たり前だよねっていう感覚って珍しいケース**だと思うんです。なにか意識のすり合わせはあったのでしょうか。

ノア「子供が生まれてすぐに里帰りして、産後1～2か月間は実家で子育てされる方も多いと思うんですけど、一番大変なこの時期を旦那が見ないで過ごしちゃうと『別に自分が関わらなくても勝手に育っていくし』みたいになっちゃうと聞いたことがあって。それで里帰りはしなかったんです。**実際にかなり大変でしたが、そんな姿も旦那に見てもらったのがよかった**のかな、と思いますね」

その間、アツヒロさんは育休を取られることもなく、仕事をこなしながら生後間もない双子のお世話をしていたそう……それは大変だ。

アツヒロ「いやあ眠かったですね。生後すぐ、昼夜問わず3時間に1回の連続授乳をしなければいけない時期があるじゃないですか。粉ミルクを作るにも双子なのでその頻度も多くて、僕が動かないと物理的に回らなかったんです。だから、自然と僕も育児に関わるようになりました」

夫が粉ミルクをあげると、その間ノアさんも眠れるわけで、アツヒロさんのしたことってただ**「粉ミルクをあげた」だけじゃなくて妻に大切な睡眠時間を渡した**ということなんです。こんなに尊いことはありません。育休を取ってない人がそれをするのは本当に大変なことだったと思います。でも、妻も産後の体で必死に子どもを守っている。**お互いがお互いを思いやるからこそ、こなせたことなんじゃないでしょうか**。そして、男性がもっと育休を取りやすくなってほしいものです。

結婚後も、相手の領域には踏み込まない

このように、お互い〝子育て当事者〟として育児をしていて、相手に対する不満もなし。話を聞いていると、ふたりの距離感がすごくいいなと感じたのですが、おふたりのルールってなにかあるんでしょうか。

アツヒロ「ルールというか、子供が生まれてから僕は『言って失敗したな』と思ったことがあります。それが**相手の生き方、仕事に対してのケチをつけた**こと。妻は時短勤務ですが、毎日残業が続いた時期があったんですよ。そうなると保育園を延長させたりなど負担が大きくなるわけで。そんなときに『時短で働いてる人の仕事を増やさないと回らないような会社ってどうなの？』『なんで働き続けたいの？』ってグチグチよく言っちゃってたんですね。でも、**僕は彼女の職場がどういう人間関係で、どんなふうに働いてるのか見えてないし、それはお互い同じ**だと思うんですね。そんな事情がわからないのに家族の都合でそういうふうに言うのはよくないと。そこで『相手の領域には踏み込まない』と決めました」

結婚した途端にコミュニケーションが雑になりがちだけど、こうやって**想像力を持って相手と接することを続ける大切さよ。**仕事のやりがいに男女比もないし時短も関係ないわけで、仕事は人のアイデンティティに直結することも多いですから。

アツヒロ「子供ができる前はほとんどすれ違いの生活でした。僕が寝ている間に妻は出勤してるし、僕が帰ってきたら妻は寝ている。でも子供ができてから初めてコミュニケーションを意識したかな。だからこそ、**土日は仕事を極力持ち込まず、お互いが話せる時間を作っています**」

では、結婚して嬉しかった〝コミュニケーション〟にはどんなことだったんだろう。

ノア「**結婚記念日は子供を実家の祖父母に預けて、美味しいものをふたりで食べに行くというのが習慣化**しているんです。昨年の結婚10周年の記念日に、私はプレゼントを何も用意してなかったんですけど、びっくりしたことに彼は用意をしてくれていたんです。そんなことを今まで一切できるタイプじゃないと思っていたので感動してしまって、お店で泣いてしまって……。実は彼のファッションセンスを私は信用してなくて（笑）。でも、もらったブレスレットがすごく可愛かったんですよ。私のためにいろいろ聞いたり選んだりしたのかなと思って」

アツヒロ「すごくベタなんですけど、店員さんに『10周年で予算がいくらで……』って相談して選びました。**子供ができてからは妻に毎日感謝するようなことが多いんです。**『仕事よりも育児のほうがよっぽど大変だな』っていうのが明確にわかったので。それをずっとやってくれている妻になにか恩返しがしたいなっていうのがあって……」

頑張りをパートナーが見て、それに感謝を伝えてくれる。口下手という言い訳はすぐ捨てて相手への感謝は伝えていく。感謝を伝えて失うものはないですからね。それができたらパートナーの喜ぶ顔がすぐそこにあるのでしょう。

COLUMN

子どもが生まれたら妻の愛情が下がる問題

子どもを産んでから夫を嫌いになった――という話、残念ながら本当によく耳にします。『子どもが生まれても夫を憎まずにすむ方法』（ジャンシー・ダン／太田出版）という本が話題になっていましたが、**「子どもが生まれたら夫が憎くなってしまう」というのは世界の共通認識**であるということがよく伝わってきます。

なぜ多くの妻は、子どもを産むと夫を嫌いになるのか。ホルモンのバランスが変わったせい……だけではもちろんなくて（ホルモンバランスの乱れが原因なのだったら、何か月か経てば好きに戻るはず）、出産後、体が大怪我しているような状況で、細切れ睡眠のなか、子どもの世話をするのが無理以外なにものでもないこと。さらにはすぐにも死んでしまいそうな命を守らないといけないプレッシャーがとてつもないこと。そんな大変な思いをしている妻を助けようともせずに変わらないまま、「手伝う」感覚の夫の場合は嫌われて当たり前……という話だと思います。

東レ経営研究所による**「女性の愛情曲線」**というグラフがありまして。

これによると、結婚直後から妻の夫に対する愛情は下がっていくのですが、出産して、**子どもの乳幼児期に妻が「夫とふたりで子育てした」と思えたら、どんどん愛情は復活**し、子どもが高校に入学する頃には新婚時の愛情と変わらないまでに回復するようです。

逆に夫が子育てに参加しない場合、子どもが高校に入学する頃には、妻の愛情は地に落ちています。熟年離婚がどうやって起こるのかがよくわかるグラフだなあと思うわけです。もちろん、育休を取れない会社だ、持病がある、などさまざまな事情で子育てに参加できないこともあると思います。そんなときは**相手が無理をしないようにどうすべきか話し合うこと。**無理をさせないようシッターさんなどの手助けの手配だったり、相手への感謝を伝え続けるだったり、寄り添う姿勢、実際寄り添っているかどうかが大きなポイントかと思われます。

私の場合、夫は「産後育児を私よりもやる」と宣言し、実行してくれたので

「大変な状況をともに乗り越えてくれた人」として愛情は落ちるどころか、うなぎのぼりでした。

さて、冒頭に挙げた『子どもが生まれても夫を憎まずにすむ方法』ですが、ライターのジャンシー・ダン自身、大好きで尊敬している夫が、産後家事育児を少ししか担当しない姿に怒りに怒りまくったそうです。そこでセラピストや、友人、さらにはＦＢＩの人質解放交渉人にまで徹底的にコミュニケーション方法を聞いて書き上げた超大作です。

ぜひパートナーとの家事育児の分担に悩む人は読んでほしいのですが、そこでもやはり本書にあるような「相手は察さないので明確に伝えるべし」だったり「カウンセリングの有用性」「デートナイトは必要」だったりと同じような結論が多く見られるのが面白い。アメリカも日本も同じですね。以下、私が「これはぜひ！」と思ったものをピックアップしてみました。

・自分の権利はもっと主張していい。自分のための時間を確保したら元気を取り

戻すことができる。

・衝突時の主語を「あなた」から「私」に変える。「あなたは私の話を聞いていない」ではなく「私にはあなたが話を聞いてくれないと感じる」と。そうすることで自分が冷静になれる。

・パートナーにとって絶対必要な家事をやらないようにしてみると、パートナーが自分で動き出すことになる。

・男性にも育児ができるということは、男性のやり方も尊重すべき。

・相手のいいところを書き出してみる。

・興奮している相手の感情に「あなたは今悲しんでいるように見える」など感情にラベリングをする。（言い分を軽視するわけではない。的外れの可能性もあ

るので断言はしない）すると、理性的に話が進みやすい。

やはり大切なのは「どうコミュニケーションを取るか」につきますね。互いの固定観念や気持ちの齟齬のせいでこじれてしまうのをいかに防ぐのか。熟年になっても仲良くいたいなら無視はできないことだなと思うのでした。

COLUMN

パートナーが傷ついている時にできること

娘をあやしていたら**夫が誘拐犯だと思われ通報される**、というそこそこハードな事件が起こりました。夫の実家の長野から、新幹線で2歳半のイヤイヤ期の娘と夫のふたりが帰ってきたときの話です。その間、私は家で育児から解放されのびのびとさせてもらっていたのですが（この時点で夫最高）、娘はお盆で混み合う新幹線のなかでイヤイヤを発動。それを夫がデッキで懸命にあやしていたら（夫のあやしかたはこれ以上ないくらいに素晴らしいのですが、泣き止まないときもそこそこある）「誘拐犯かもしれない」と通報され、上野駅で警察がゾロゾロとやってきて夫を取り調べしたのでした。

娘の保険証や私への電話、それと携帯に娘と撮った写真がたくさん入っていたのですぐ解放されたのですが、**夫も私も通報した人に「通報しやがって」という**

気持ちはなく、「子どもを守ろうと通報したのだからそれは正しいよね」という認識です。警察も子どもを守るために仕事をしているわけですし。誰も悪くない。……いや、新幹線内で「うるさい」って夫に怒鳴った男性（いたんです）は悪いと思います。**「うるさい」と思うのは自由だけど、その伝え方が「怒鳴る」というのは違う。**怒鳴るというコミュニケーションには暴力性がありますからね。

そして、**私が娘をあやしていたならきっと通報はされなかったと思います。**警察もしきりに「母親はいない」って強調していたようだし。男性が幼児とふたりで新幹線に乗っている光景がまだまだ珍しいということもあったんだろうと思います。

今、夫は「別につらくない」という感じで私に話しますが、やはり娘が外でイヤイヤを発動するとかなりグッタリするようになっています。「なんでこんなに疲れるんだろう」と日中寝込んでしまう。**人間ですから、堪えないわけないんですね。**

さて、こんなとき妻はどうするか。もう愛情で夫をサポートするしかありません。夫が娘のイヤイヤに対応しても「悪いことは起こらない」、むしろ「良いことが起こる」くらいの印象転換をちょっとでもできたらいい。そうなると、ここはハロプロの力を借りるしかありません。夫も私もハロプロが大好きなのですが、夫の応援の仕方は「メンバーが幸せになるように」という気持ちのもと、リスペクトと熱量と愛があるので、同じオタクとしては尊敬しているんですね。

アイドルが好きっていうと「未熟な人」と捉えられがちですが、それは大間違いです。私個人の見解ですが、**アイドルは「傷ついて逃げ場が必要な人に与えられた聖域」のようなもの**かなと。傷ついたときに逃げ込める聖域で、そこで元気の源をもらうと。薬のようなものなんですよね。

人間、誰しも傷ついていて、その癒やし方は千差万別。山に登る人もいれば絵を描く人もいて、アイドルを応援する人もいる。そして、アイドルを応援して元気になったら、今度はまた応援でアイドルに元気を返す。

もちろんアイドルが抱える問題もたくさんあるので、今のアイドルの在り方すべてが素晴らしい！　と断言はできません。でも、**頑張っている人を応援するこ****とは「元気をもらう」こと**なんですよ。応援に使ったポジティブな言葉って自分に跳ね返ってポジティブな状態にしてくれるので。

つーわけで夫！　ハロプロのライブに思う存分行ってきてください。多分それが元気の近道だから。ハロプロいつもありがとう。

常識の先の〝最良〟を見つけた夫婦

平本知樹さん（32歳）×沙織さん（33歳）

家族をひとつの〝組織〟として考える

夫婦で起業して5年目になる平本知樹さん（32）、沙織さん（33）ご夫婦。3歳の息子さんとともに、品川区と岐阜県の飛騨高山、大分県竹田市の3か所での多拠点生活を送っているそうです。さらには東京でシェアハウスプロジェクトにも参加し70人の〝家族〟とコミュニティ子育てをされているそう。……ってあまりにも「普通」とかけ離れているように見えるけど、夫婦は夫婦なわけで。ふたりはどんな危機を乗り越えてきたのでしょうか。

沙織「**起業して半年後に妊娠しましたが、フリーランスなので産育休はなし。**さらに、私の総務省案件の仕事も同時期にスタートしました。周囲に頼れる人はほぼおらず、里帰り出産ができる状態でもなかったので、出たとこ勝負の育児になり産後クライシスになってしまいました」

総務省案件ってことは税金を使うということだろうし、プレッシャーもすごそう。さらに、保活（子どもを保育所に入れるための活動）にもかなり苦労したんだとか。

沙織「最初は渋谷区に住んでいたんですけど、保活が厳しすぎて品川区に引っ越したんです。保活は『会社の人事として、役員（＝私）がどうやって職場復帰するか』と〝**会社の仕事**〟**として割り切ってやる**ようにしていました。見学には私がひとりで行ったんですけど、**夫にプレゼンしやすくするためにエクセルで採点項目に○×をつけるフォーマットを作ったりして**。幸い、そこで意見のすれ違いが出ることはなかったですね」

知樹「僕としても『**このプロジェクトは君に全部任せてるから**』**という感覚**でした」

なるほど……。保活も家族という組織内のプロジェクトのひとつで、その担当が沙織さんだった、という感覚か。確かに、**家庭内での細かい業務に対して、どちらがリーダーかを決めておくと合理的に日々が回りそう**。負担が偏らない前提ですが。

沙織「そしてようやく、家の近くの保育園に入れました。それまでは遠方の保育園まで電車登園せざるを得なかったので、生活はかなりマシになりましたね。それだけでなく、**電車登園中はママだけで子どもを連れてる**とナメられることが多くて……」

保活が壮絶だという話は随分浸透してきた

それでは
今日は
保活プロジェクト
についての
会議を
はじめます
保育園
認可

けど、保育園のために引っ越したり、離婚を選択する夫婦もいるくらいなんですよね。それに、送迎するときに女性だけだと周囲にナメられるという話はすごくよくわかる。怒鳴ったりする人って自分より弱そうな人を選んで怒鳴るので、女性のほうが被害に遭いやすい。

沙織「**ママは減点方式で、パパは加点方式**って言われるじゃないですか。ママは『子供といるときにスマホをいじっただけでマイナス50点』。だけどパパは『電車に一緒に乗るだけで偉い』みたいな。そのせいで、**子どもを連れての外出のしんどさは母と父とで全然違う**と感じるのですが、夫はそうした現状がなかなか理解できなかったみたいで。でも、そうした現状をしっかりと言葉で説明したら『登園は僕がやる』と動いてくれました。うちの夫の場合、状況を言語化して説明すれば、**「じゃあ、どっちがやったほうがより合理的なのか」と子育ての分担もある種の〝損得〟で考えてくれる点がありがたい**と思います」

確かに、夫婦間の「どちらがやる・やらない」問題で揉めているケースのなかには「そもそも現状を理解していないから『やる』という発想がない」場合も多そうです。**プライ**

ベートな問題で仕事のように頭を使ってプレゼンするのは面倒くさいと思ってしまいがちだけど、先々を考えるとそこにこそコストをかけなきゃいけないってわけですね。

「知識の格差」が「価値観の違い」につながる

しかし沙織さんはお話が非常に上手。話すことが苦手な人が相手にうまく現状を伝えるにはどうすればいいんだろう？

沙織「私自身、自分で話すだけじゃなくて**『この記事を読んでほしい』『この記事と同じ問題が起きている』と、夫にｗｅｂ記事のリンクを送る**ことがあります。同じ思いをしている人が世の中にいるということを相手と共有して、記事を通して理解し合えればいいなと。私自身、記事内に書かれた言葉が参考になることもありますしね。まあ、昔から夫の反応は薄いのですが……（笑）」

知樹「ちゃんと読んでるよ。ただ、記事のＵＲＬだけ送られてくるので、どうリアクションをするのが正解なのか読めないときがあって（笑）。『手伝わない夫にイライラする』といった記事だったら流石に伝えたいことはわかるけど（笑）」

記事のシェアは我が家でもよくやるのですが、本当は書籍のシェアもしたいところ。でもさすがに「この本読んで！」と言ってもすべて読むのは物理的に無理だったりする。なので私の場合、**本を読んだら大事なポイントを要約して、夫もフォローしているツイッターのメモ用アカウントに投稿**しています。知識と思考で価値観はアップデートされるので、**夫婦間で〝知識の格差〟が生まれることが、離婚理由にあがる「価値観の違い」につながる**と思われます。

しかしこの夫婦、お話ししていて感じるのが、**お互いを「個」としてかなり尊重しあっていること**。夫婦ニコイチではまったくない。

知樹「確かに、うちの夫婦は〝他人度〟は高いのかな、と思います。妻が参加しているシェアハウスプロジェクトに僕は参加していないんです。僕が以前起業した際のビジネスパートナーが始めたのですが、僕より妻のほうがシェアハウスに興味を持っちゃって。なので『僕は全然興味ないし生活を他人とシェアするのは面倒臭くて嫌なんだけど、君が興味があるならやってみれば？』と妻に伝えました」

沙織「一見冷たい言葉にも感じますが、**夫のスタンスは『自分が嫌なことは妻にもやらせない』ではなく、いい意味で『好きにやっていいよ』という感じ**なんですよ。結果的に今は私と息子だけシェアハウスに出入りして、夫もたまに遊びに来ている状況です。子供が1～2歳の頃は週3でシェアハウスに泊まり込んでましたね。人が大勢いるのが頼もしくて、シェアハウスで産後クライシスを乗り越えられました」

「お互いの人生をすべて一緒くたにしない」。もちろん助け合いはするけど、**好きなことを「やれ」と強要しないかわりに、嫌いなことを「するな」と強要もしないという関係。**確かに結婚したからといって「個」でなくなるわけではない。この接し方がしっくりくる夫婦もいるということだ。

"普通"はそれぞれの家族がつくっていくもの

沙織「たとえば私はディズニーランドが大好きなのですが、夫はとくに行きたがらない。ウチは**「パパと一緒に行けない子供がかわいそう」**とか**「家族みんなで行くこと」といったことにこだわらない**ようにしています。楽しめない人と行くより、それこそディズニーランドが好きなシェアハウスのメンバーなどと行ったほうが楽しめますしね」

趣味をそれぞれ楽しむ夫婦はたくさんいるだろうけど、**子どもも一緒となると単位は家族になりがち**。でも、本当は楽しめる者同士でいいんですよね。逆に、知樹さんが興味がある分野ではどうなんでしょう？

沙織「夫は毎週サッカーをしていて、子供が産まれる前は私もたまに応援に行っていました。でも、私はルールに疎く、夫がグラウンドのどこにいるのかもわからなくて（笑）。最近は夫が息子を連れてサッカーに行ってくれるので、すごく助かってますね」

「家族だから」と嫌々付き合うのではなく、家族というフレームを外して好きなことを好きな人とやる。そうすることでお互い我慢しなきゃいけない時間が減るし、自分の時間も確保できるという好循環です。

沙織「子育てに関しても、シェアハウスで一緒に暮らす〝拡張家族〟のみんなに面倒を見てもらうことがよくあるんです。普通の感覚からすると『よくわからない〝家族を名乗る他人〟が毎週末家に来るなんて……』と感じるかもしれないですが、我が家はそれでいい。それに、家が3箇所にあるとか、夫が相談なしに家を買っちゃうとか、シェアハウスに泊まり込んで家に帰らないとか……私たちは世間の〝普通〟とはかけ離れているかもしれませんが、結果的に家族みんなが元気に楽しく暮らせていたらいい。**常識を捨てた先に、今の生活が成り立っていると感じます**」

知樹「シェアハウスの人たちも楽しく面倒見てくれているし、頼れる人が多いに越したことはないのかなと」

家族にとっての〝普通〟はそれぞれのが作っていくもの。平本さんご夫妻の家庭も、幸せの形のひとつとして非常に参考になります。

沙織「突き詰めると、**『家庭も組織ののひとつ』という感覚**なのかもしれません。仕事だったら全工程を抱え込まなくても、プロに外注したり、便利なサービスを使うのが当たり前ですよね。とくに、私たちは夫婦ふたりで小規模な会社をやっているので、**最初から「ふたりだけでできることはそんなにない」という感覚はありました。**子育ても抱え込むのではなく、『こうしたほうが効率的だよね』と納得できるやり方で進めたほうが、いろんなことが捗るんじゃないかと」

子どもが生まれた途端、夫と妻はチームワークの必要性に迫られるわけですが、その役割分担は「**お互いがどう動けば、組織として効率化できるか**」、「**どうすればお互いの心身が健康でいられるか**」**を軸に考える。**

感情を因数分解してみると……？

ふたりは普段どのようにコミュニケーションをとっているのでしょう？

沙織「夫を映画に誘っても『別に観たくないし』と断られます（笑）。普通だったら『断られた！　ショック！』と感じると思うんですけど、私は『まぁ、それでいいか』みたいな。**『お互い、好きなことをしよう』っていうスタンスなので**」

「つまらないでしょ」と相手の好きなものをディスらなければ、断るのはいいわけで。

智樹「家族にとって重大なことでも、**どちらかがいいと思ったら好きに決めて、後から相手の理解を得るためにプレゼンする**ことが多いですね」

沙織「大分の古民家は、私が一目惚れして勝手に『これ借ります』って決意したんです。**その後に夫を連れてきて〝夫婦間プレゼン〟をやって**。夫も乗り気になってくれたので、友人を巻き込んで共同のゲストハウスにすることになりました」

後からプレゼン……！ これはかなり難易度が高い。**よっぽどお互いのことを信用していないと「相談もせずに勝手に決めて！」とケンカに発展する人は多そうです。**

沙織「逆に、夫から『飛騨高山の家を今日契約した』といきなり明かされたことも。でも、夫に促されて現地に行ってみるととてもいい場所だし、『夫が仕事で飛騨高山に関わらなかったら、私がこの地で知り合いができたり住むこともないんだよなぁ』とも感じて。**夫の目を通して彼がいいと思ってるんだったら私も行ってみるか**、という感覚はありました」

「夫の目を通して、彼が良いと思ってるんだったら」という言葉、なかなか出てこない言葉です。しかも、〝後からプレゼン〟で納得がいかなかったケースは「今のところない」そう。す……すごい。**相手の決断やいいと思うものを信用する関係性で互いが自立していると可能になるんですね**。話はガラッと変わりますが、おふたりのデートはどんな感じなのでしょう？

沙織「今年の結婚記念日を夫は完全に忘れてたんですよ。でも、**記念日にこだわるより、タイミングが合うときにふたりだけの時間が持てればいい**、と考えるようにしています。自分の『夫と記念日を過ごしたい』という感情を因数分解してみると『いい場所に行って、いい飯を食いたい』という部分も結構大きいなと気づいて。そういう要素は自分の母親とか友達とも満たせるなぁって。**最後に残る「夫と何かがしたい」っていう部分は、別の記念日に限らず別の日に置き換えてやればいい**んじゃないかなぁと思ったんです」

感情の因数分解ができるってすごいことです。ちなみに記念日を大切にする気持ちを因数分解すると、『自分が大切に思われていると確かめたい』と相手に愛情を求める心もあるはず。だからこそ「記念日だから」と無理やり捻出した日より、余裕のある別日に、たっぷりと愛情表現をするほうが夫婦にとってよほど大切で重要なのでしょう。

COLUMN

児童虐待をなくすために夫婦ができること

私は'18年の６月に児童虐待防止のためのチームを作り、自分たちに何ができるのか考えるようになりました。取材すればするほど、本を読めば読むほど、**児童虐待は複雑な要因が絡み合っている**ので「これさえすればなくなる！」なんてものではなく、ひとつずつ、根気強く**今の社会にある問題を可視化していくしかない**と痛感しています。

児童相談所の体制の見直し、人員の質と量の改善、一時保護所の質と量の改善、DVからもっと逃げやすくする制度、里親制度の普及、親・子供の回復プログラムの充実、孤立を防ぐ地域のコミュニティづくり、社会で子供を守るシステムづくり、効率の良い情報共有システムづくり、シングルでも育てやすい環境づくり、保育園の全入化、妊娠期から包括的に行政がサポートするネウボラ（フィンランドの子育て支援策。「助言の場」を意味する）づくり、そもそも景気をよくして貧困をなくすこと……。**ハード面（＝制度や仕組み）だけでも、改善すべき点を書き出すとキリがありません。**

とはいえ、ハードが整ったところで**ソフト（＝人の意識）が整わないと宝の持ち腐れになってしまいます**（男性育休の制度があってもちっとも普及しないのと同じように）。私たちにできるのは、ハード面を充実させることを国に要請しつつ、**ソフト面を整えるべくひとりひとりが「意識を変えていくこと」**なんです。

体罰をしつけだと思わないこと、精神疾患・貧困・DVについて語ることをタブー視しないこと、それらの知識をつけること、里親や施設への偏見をなくすこと、「人に迷惑をかけるな」ではなく「必要なタイミングでSOSを出せ、SOSを受け取った側は然るべき機関につなぐことができるようになろう」と啓発すること、母親は子供を産んだときから子育てのことがなんでもできるスーパーウーマンだという偏見もなくすこと、子供に自己否定感を誘発する言葉を言わないこと、逆に子供が自分を肯定できるよう声をかけること……。ソフト面も、変えていかなければならないことが山積みなんです。

児童虐待と聞くと「他人である自分には何もできない」と無力感を感じがちですが、**こうしたソフト面の改革は誰にだってできることで**、その価値観を友人たちにも広げてゆくことが大切なのですね。やれること、あるんです。

これだけ多種多様な問題が絡み合うわけですが、さまざまな虐待のケースを見て**共通していると感じるのは「孤立を防げていたら虐待は防げたかもしれない」**ということ。親が毒親で頼れる人がいない、DVやモラハラで思考停止状態に陥りSOSも出せない、行政に不信感を持っている、過去・もしくは現在犯罪に手を染めているため行政には何がなんでも頼れない……。**孤立する要因も多種多様**です。

さあ、そこで本です。この本では夫婦のコミュニケーションについて取材しているわけですが、**夫婦のコミュニケーションが円滑でお互いが尊重できる関係なら、孤立は防げる。**逆にどちらかが支配的だったり無関心だったりすると、近くに人がいたとしても孤立します。離婚したほうが人との繋がりを感じることだってあるんです。

毎年11月は虐待防止月間。もう虐待で亡くなる子どものニュースは見たくないし、これまで亡くなってきた子どもを「かわいそうだね」で終わらせたくない。**子どもを守るという正義はどんなポリシーの人にも共通**するもの。そのためにも配偶者が追い詰められてはないかどうか、ＳＯＳを出しやすい空気は作れているだろうか、みんながそういったことを考え、寄り添いながら夫婦をやっていけたらいいな、と思うのでした。

第4章 育児編 に登場したリカバリーのヒント

仕事と育児の折り合いをつけるためのヒント

54．家事育児に対してどちらも「指示待ち」をしない。互いに責任者であると心に刻んでおく。

55．相手の仕事に事情を聞かずにケチをつけないこと。お互いの領域を大切にすること。妻が出産後復職することにケチをつけたくなったら要注意。

56．仕事が忙しく相手に負担をかけるときは「この先必ずこの状況を改善する」ということを伝え、対処に向けて行動する。

互いを尊重しながら子育てするためのヒント

57. 家庭内の細かい業務にリーダーを決めておくと合理的に日々が回る。

58. 家庭に取り込みたい物事はパートナーにプレゼンを。メリット・デメリット含めて、パートナーに提示。データや資料があると自信を持って伝えられるため、自分の意見を言うのが苦手な人ほどオススメ。

59. 言いにくい話題の場合は、自分の気持ちが代弁されている記事をシェアしてみる。「他にも同じ思いの人がいる」「専門家もこう言っている」と問題の矮小化を防ぐことができる。

60. 互いに必要な知識だと思ったものはLINEなどでどんどんシェア。生活知識の格差を作らないようにする。生活知識の格差はそのうち価値観の違いに発展する可能性がある。

61. 夫婦とはいえ個々の人間。「お互いの人生をすべて一緒くたにしない」こと。

62. 子どもとディズニーだったりサッカーだったり、一度「家族ですべき」というフレームを外してみる。どちらかが乗り気でない場合は無理して家族で行くより、それらを好きな友人と行くことでみんなが楽しい時間を共有できる。その間、興味のないサイドは自分の時間が持てる。

63. 相手が傷ついていたら話を聞いて、寄り添うこと。決して相手の落ち度を責めないこと。アドバイスも求められるまでしない。

64. 相手が一番イキイキとする趣味の時間はパートナーが確保する。その時間でイキイキしたぶん、何倍ものエネルギーになって仕事や家事の時間にも還元される。

65. 自分の権利は主張してよい。自分のための時間を確保したら元気を取り戻すことができる。

66. 母親は子どもを産んだときから母性が湧いて子育てがなんでもできるスーパーウーマンだという偏見をなくす。根性でやっているだけである。

67. 衝突時の主語を「あなた」から「私」に変える。「あなたは私の話を聴いていない」ではなく「私にはあなたが話を聴いてくれないって感じる」と。そうすることで自分が冷静になれる。

夫が意識すべきヒント

68. 子どもが赤ちゃんのとき、夜間は夫が妻に変わり粉ミルクをあげる。それはただ粉ミルクをあげたというだけでなく、妻に睡眠時間を提供したことになる。赤ちゃんを抱える家庭は「お互い十分な睡眠を取る」ことをまず目標に掲げる。

69. 妻から夫への愛情曲線というグラフがある。この曲線は子どもが乳幼児期に夫が育児に参加したと思えるかどうかで、愛情ががくっと下がり続けるか、穏やかに増え続けるかが決まるというもの。愛情がない状態のまま熟年期に進むと、熟年離婚だったり、病気になったときに支え合うことが難しくなる。

育児に非協力的なパートナーと向き合うためヒント

70. 出産時、里帰りせず一番大変な時期を夫と支え合うと夫の意識も「育児して当たり前」になりやすいと知っておく。もうその時期が過ぎている場合も、今から始めても遅くはない。早ければ早いほうがよい。

71. 男女とも育児でできないことはない。互いに上から目線で口を出さない。

ハラスメント・体罰・虐待をなくすためのヒント

72. 体罰をしつけだと思わない。家庭内が治外法権になるのはおかしく、体罰は子供の脳を萎縮・変形させることも明らかになっている。もし、暴力でなくどうしつけるのか？と悩んだら「ポジティブディシプリン」（罰に代わる、子育てへの取り組み方を提案するプログラム）を検索。

73. DVやハラスメントの知識をつけ、話し合っておく。「相手がダメだから自分がしつけてやっている」と考え、日々説教や罰を繰り返してしまっていたら問題である可能性は極めて高い。

74. 子ども、パートナーは自分の所有物ではないことを意識すること。自分は誰の所有物でもないことを知っておくこと。

75. 自立とは「人に迷惑をかけるな」ではなく「必要なタイミングでSOSを出す」「SOSを受け取った側は然るべき機関に繋ぐことができるようになる」ことだと知る。

76. 子どもやパートナーに自己否定感を誘発する言葉を言わない。

77.

パートナーがいるからといって孤立しないわけではない。パートナーが支配的だったり無関心だと孤立してしまい、結果児童虐待に向かうケースも多い。子どものためにも夫婦のコミュニケーションは見直すべき。

第5章

「不妊治療・セックスレス」編

意識をすり合わせ、相手の体のことを知る

不妊治療に楽観的な夫と、不満を溜める妻

ケンさん（37歳）×リノさん（35歳）

1度目の不妊治療で募った「不満」と「孤独感」

お話を聞いたのは共働きのケンさん（37）、リノさん（35）ご夫妻。10年前に結婚し、不妊治療を開始するも途中で挫折。その後、お互いが遊びきった後に不妊治療を再開した結果、子どもを授かり、現在は2歳のお子さんがいるそうです。不妊治療は身近になったとはいえ、どんな苦労が伴うのか知らない人も多いはず。ふたりはどのように不妊治療を受けるに至ったのでしょう？

リノ「結婚するとき、直接『子どもほしいね』と話したことはなかったんですが、『結婚

したら子どもがいるのが当たり前』という共通認識はうっすらあったと思います。でも、結婚して3年間子どもができなかったので**『一度病院で検査してみようか』という話を私からしました。**そこから病院を探して、検査して、夫に精子の検査もしてもらって……」

夫に精子の検査をしてもらうことすら妻にとってハードルが高いとも聞いたことがあります。

リノ「病院の説明会に行ったとき『夫には内緒で来てる』という人もいましたね。そして治療が始まったのですが、頑張れば頑張ったぶんだけ『これだけやってるんだからゴールが来ないとおかしい』と自分を追い込むような考えになっていって……。病院に行くのは私だし、**排卵日に合わせて『この日とこの日、しようよ』と夫に言わなきゃいけないのもつらかった。**ＬＩＮＥで言ってみたり面白おかしく言ってみたり、手を替え品を替え夫に伝えてるのに、夫は**『今日はちょっと疲れたから』**なんて言う始末。でも、この頃はそんな不満を夫にはぶつけていませんでした。そうやって毎月頑張ってるのに、結局生理が来ちゃうと「今月もあなたは不合格でした」って言われたみたいですごく落ち込んで……」

ああ、とても孤独だ。**不妊治療は心身ともに負担があるのに、孤独が重なるとすごくつらい**んですね。リノさんの言うとおり、頑張りがそのまま結果に反映されるわけでもないことだから余計に。

リノ「最初に『不妊治療をやろう』と話し合ったときに彼も『そうだね』と言ってくれたので、夫も私と同じ方向を向いて、同じ熱量で考えてくれていると思っていたんです。だからこそ**『なんでそんなにやる気ないの!?』って不満が日々溜まっていくばかり**で。私も仕事が忙しいなか時間をやりくりして病院に通っていたので、**『なんで私だけがこんなにつらい思いをしなくちゃいけないのか』**と思ったり……結局、治療開始から1年で不満が爆発しちゃいました」

そりゃあ爆発します。なによりも孤独はつらいものです。

リノ「そこで、**思いを綴った長文メッセージを夫に送った**んです。『なんで子づくりに協力してくれないの？ 大好きだけどこんなにつらいなら一緒にいたくない、離婚も視野に入れている』といった内容でした」

ケン「不妊治療がそこまで大変で、妻がそこまで思い詰め、不満を感じながら治療を続けていたことを僕は一切わかってなかったんです。『なんか今日怒ってるな』くらいにしか感じてなかったというか……。『すぐに結果が出なくても、そのうちなんとかなるでしょ』くらいに楽観的に考えていたので、**妻との〝ズレ〟は相当大きかった**と思います」

そう、**やっぱり夫婦間の問題の根源は「伝わってない」がとても大きい**。でも、伝える側が努力しても、聞く側が焦りを感じず聞こうとしない限り伝わらないことも多々ある。こういう状況を「ヒステリーだ」とひと言で片付ける人もいますが、それは思考停止。そこからふたりは不妊治療から一旦フェードアウトしたそうで……。

妻の不満爆発を経て、夫に変化が……

リノ「**不満を爆発させた後、不妊治療からフェードアウトして怒涛の遊び期に入りました。**毎晩飲んでましたね。土日だったら昼から3～4軒くらいハシゴして、毎月10万円以上は飲み代に使っていたと思います」

ケン「僕はもとから趣味だった卓球にさらにのめりこみました」

リノ「そんな生活を3年続けてたんです。貯金を食いつぶしながら（笑）」

そのときのおふたりの関係性はどうだったんでしょう？

リノ「とても良好でしたよ。お互い好き放題って感じで。その時期、私は自炊もほぼしてませんでした」

ケン「でも、**僕はリノの不満爆発を受けて考え方は変わっていきました**。不妊治療のためだけじゃなく夫婦として、相手のことを知ろうとしなきゃいけないし、勉強もしなきゃいけない。たとえば何も知らないと、妻がイライラしている状態にコチラもイラっとして正面からぶつかってしまう。でも『ＰＭＳ（月経前症候群）でイライラすることがあるんだな』などと**知識として知っておけば妻のイライラの理由がわかるし、避けることもできる**。自分が理解できないばっかりに、妻とケンカになっちゃうというのは悪いなと思っています」

リノ「彼が理解してくれるので、逆に私も言うようになりました。イライラしてたら『生理前です、ごめん！』とか。そう言うと、『そうだと思った』とわかってくれるので」

私もＰＭＳでイライラしちゃうタイプですが、強い言葉を言っちゃった後に罪悪感でさらにイライラが増すという負のスパイラルがあります。やはり**人を救うのは知識と思考**だなあ。

リノ「遊び期を経て30代になったとき、**私は逆に『もう子供はいらないかな』とも思ってたん**です。今が楽しいし、またあんなにつらい思いをして不妊治療をするのも大変だなと。でもそんなときに、**夫から『そろそろもう一回してみる?』って言われたん**ですよ。驚きました。そのときは一度目の不妊治療を踏まえて『子供のために私がすべてを犠牲にするのは嫌だ。仕事を辞めるのは嫌だし、お酒も飲みに行くだろうし、負担は半分ずつじゃないと嫌だ』と夫に提案しました。すると夫は『もちろんだよ』と。そこからもう一度不妊専門の病院に通いだして……」

ケン「前回は〝不満爆発メール〟で不妊治療が終わってしまったので、**今度は自分から歩み寄らないと進まないな**と思ったんです」

夫婦で子どもを欲しいと思う時期のズレができるのはしょうがない。おふたりの場合はリノさんが先に子供が欲しいという熱量が高くなり、その後遊び期を経てケンさんがリノさんの気持ちを知り、熱量が高くなったという流れでした。でも、時期のズレがあったとしても**まずはお互い議題について知識を持つというのが大事**なんだってことですね。仕事だと当たり前のことなんですが、プライベートだとこれができない人が多い。仕事だと効率命なのに、プライベートのコミュニケーションの効率や長い目で見てラクになる方法は考えられない。

「最初にお互いの意識をすり合わせるべき」

最初の治療ではリノさんが孤独になってしまったけれど、2度目の不妊治療はどうだったんだろう。

リノ「夫のやる気がすごかったです（笑）。前は私が『どう誘おうか』と悩んでたんですけど、**今回は夫の『絶対にやり遂げてやる』という圧倒的な意思を感じました**。部活感があったのでムードや色気はなかったですけど（笑）、『ここだ！』っていう日にしっかりと」

排卵日にセックスをするのって、**お互いの熱量が同じじゃないと片方ばかりが毎回誘う羽目になったりでキツい**んですよね。そして、最初の2回はタイミングのみで、その後は排卵誘発剤を使い始めて3回目でついにめでたく妊娠に至ったそう。

ケン「家に帰るとノンアルコールビールと普通のビールが置いてあって、ノンアルのほうが空いてたんですよ。『酒好きの妻がどうした⁉』と。妻はもう寝てたんですけど、ゴミ箱に妊娠検査薬が捨ててあるのを発見して、見たら陽性にピッと線が入ってて」

リノ「翌日自分から言おうと思っていたんですが（笑）。でも、一度目の治療とは打って変わって、**夫が自発的にいろいろ調べてくれるようになっていたので妊娠中も心強かった**です。たとえばつわりが来たときも、私が情緒不安定になったときも、知識として夫が私の状況を理解してくれていたのですごく助かりました。**前回は『ひとりで頑張ってる感』がつらかった**ので……。一時期は『もう子供はいいや』って思ってたけど、こんなに向き合ってくれるんだってわかると**育児もふたりで楽しくできるだろうなという感覚がありました**」

不妊治療も大変ですが、産んでからもまた大変。だからこそ、こうして妊娠期間からふたりで頑張ることって**その後の子育ての具体的なイメージにも繋がるし、ひいては夫婦円満に繋がる大事な時期**なんですよね。

リノ「私は『こうなったらどうしよう』と先を考えすぎて悩むタイプなんですが、そんな〝もしも話〟を全部聞いてくれたのが嬉しかったです」

相手の話を聞くって大事だけど、正直面倒臭いなと感じることもあるのも事実。ケンさんが疲れてるときも当然あったはずなのに、ちゃんと全部聞いてくれたなんて、すごいなぁ……。

ケン「『絶対に話を聞く』ということは意識してましたね。妻は口に出して話せばラクになるんだろうなということはわかっていたので。話したいだけの不安もあるんだろうなと」

ケンさんの場合、リノさんの不満爆発を経て不妊治療への当事者意識がガラリと変わったというケースでした。でも、そうならない人も多くいるわけで。当事者意識のない人に、どうやったらうまく当事者意識を持ってもらえるんだろう。

リノ「一度目の不妊治療がそうでしたが、**夫婦間に熱量のズレがあると本当につらい**んです。結局どちらもつらくなる。だからこそ、**最初の段階でのお互いの意識のすり合わせを大切にすべき**だと思います。女性のほうが年齢とか卵子の老化とかいろいろ悩んでしまうと思うんですけど、ナーバスな問題を一番最初にきっちり夫と話し合っておくことをオススメしたいですね」

相手を嫌な気持ちにさせる言葉は〝無知〟によるもの

今、おふたり不妊治療を経て思うことはなんでしょうか?

リノ「**夫婦といえどやっぱり他人同士なんだなと思うようになりました。**最初の不妊治療のときは『お互いのことが好きなんだから、きっと相手も私と同じ方向に同じ熱量で向いているのが当然』だと思っていたんですけど、今思えば、**好きとか嫌いとかじゃなくて距離を詰めるためには言葉で説明しなければ分かり合えないよな**って。不妊治療している時期にそう思えたから、今は円満に子育てできていると思います。子育てに関しては夫にイライラするというより、社会にイライラしてますね。私が飲みに行くと『夫が子供の面倒見てくれてるんだ、いい夫だね』って言われるんですよ。残業してても『仕事をこんな遅くまでできるなんていい旦那だね』って。そんなことにいつも怒ってますね（笑）」

そういうことって男性だったら絶対言われないわけで……。言ってる本人に悪気はないけど、**言うと嫌な気持ちにさせてしまう言葉は大体無知によるもの**だったりするんですよね。無知だからこそ、世間のバイアスそのままに発言してしまうという。そのほか、言われて嫌だったことは？

リノ「不妊治療中、『子どもができないのはあなたが酒を飲んでるせいじゃない？』と言われるのもムカつきました。そのころ酒量は抑えていましたし……。語弊があるかもしれませんが、**当たり前に子どもができた人たちっていうのは『できて当たり前』だと思って**

るから悪気なくそういう発言が出てくるんだろうなって。私たちの場合は病院で検査しても子どもができない原因がわからなかったんです。精子や卵管に何も原因がなかったのに子どもができなかったことがとても苦しかったのに、『いっぱいヤレばできるよ』とか『ヤッた後に逆立ちしたらできるよ』って言われることもあって……。「もう逆立ちしたわ！」って返してやりましたけどね（笑）。とにかく、**世間はまだまだ不妊を軽く見ている**のかなと」

どう考えても自分より知識のある人に、根拠のないクソバイスをしてしまう人たちがとにかく多すぎ。クソバイスすると気持ちいい

そういうのは大体男に原因があるんだよ
ウヒヒヒ
う、うるせー黙っとけ!!!

ですから。クソバイスしたいなら、お金払ってほしいものです。

ケン「僕も『(妻のお腹を) 温めりゃいいんだよ』とか言われたなぁ」

リノ「『靴下を履いたほうがいい』とかよくわからないアドバイスもされましたね。あと、子どもができなくて悩んでるのに『産むなら絶対女の子がいいよ』とか言ってくる人。誰かが『私、不妊治療してるんです』って告白したとしても、**その人は別にアドバイスが欲しいわけではないし、同情されたいわけでもない**と思うんですよ」

これ！ これです。不妊治療だけじゃなくてほぼすべてのことに繋がると思うのですが、**誰かが打ち明けた話には「アドバイスせずに普通に受け取る」でいい**んだと思うんですよ。打ち明けた先に、普段と変わらない日々があればいい。不妊治療って何も悪いことじゃないのに周りに言いにくいのは**『どうせなんか変な反応される or イヤなこと言われる』っていう世の中の空気のせい**ですから。話を聞く姿勢でいる、それくらいでいいんだと思うのでした。

COLUMN

データで紐解くセックスレス

性交の習慣がないカップルに性交を停止した年齢を聞いたところ、全体平均では男性52・9歳、女性50・6歳となるそうです。そして70代でセックスを行う割合は2〜3割だそう。これらの数字をどう見るかで自分が将来そのくらいの歳になったときにどうありたいか、なんとなく見えてくるのかなと思います。臨床心理士であり日本性科学会セクシュアリティ研究会代表を務める荒木乳根子さんの『セックスレス時代の中高年性白書』（harunosora）という本にこういったデータが詳しく掲載されていますので、ここではそれをもとにセックスレスについて考えていこうと思います。

大前提として「セックスレス＝悪」ではありません。**お互いが「セックスはもういいよね」と合意できて、仲良い関係を築けるのだったら問題はないはず。**セ

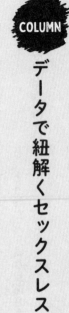

ックスレスが問題になるのはどちらかが「まだセックスしたいのに拒否される」という場合なんですよね（したくないけど嫌々付き合っているというのも問題なのですが）。既婚者は基本的に外でセックスをすることは禁じられていますから、建前上「もう一生セックスができない」ということになります。これは当人からすると非常につらいものでしょう。実際に司法統計で見る離婚理由に、性生活の不満は上位に入るそうです。

セックスは、何も考えず放っておくと頻度はどんどん下がることが多いものです。**子作り、妊娠、出産、育児、更年期、飽き、希少性のなさと、レスになるきっかけは星の数ほどあります。**さらにはパッハーアリス氏の『現代日本の不倫の分析』という論文によると、夫は妻に対して「飽きを感じて興奮することができない」「妻とのセックスは義務や礼儀である」「妻を愛していないわけではないが今さら誘えない」「日常と非日常は分けたい」といった本音を抱え、妻も妻で夫に対して「夫のセックスのやり方に不満を抱いている」「自分が欲求を感じたときだけベッドに潜り込んでくる。早く終わればいいのにと思う」となかなかに厳しい本音を抱えているようです。また、**セックスの満足度のデータを見ても女性のほうが低い**という結果が出ています。

では、どうすればよいのか。

まず、**自分の性的感情や欲求を「伝え合うことはないグループ」のセックスレス頻度は90パーセント前後、「互いに伝え合うグループ」は40パーセント前後と大きく差がある**ことがわかります。次に、日常生活で身体の触れ合いがほとんどない場合、レスの頻度は9割近く、キスを日常的にするカップルは5割から6割程度がレスとのこと。多少違いが見られます。スキンシップと自分のセクシュアルな話は、「今さら」と思わずにしたほうが良いというのがわかります。

さらに、結婚生活の満足度とセックスの有無なのですが、月1回以上セックスしている夫の満足度は7割、レスの夫の満足度は4割ほど。対して月1回以上セックスしている妻の満足度は4割、レスの妻の満足度は3～4割ほどと、妻はセックスがあろうがなかろうが、夫より結婚への満足度が低い結果でした。なんとも皮肉な結果です。

さてここからは私の考察なのですが、**「セックスをし続けていきたい」という意思確認がそもそも必要**だと。どちらかが軽視しているとどんどん間隔が空いて「今さら」ということになってしまいがち。そして、セックスのハードルとプレッシャーをぐんと下げるのもできることかなと思います。「ムードがあって、お互いオーガズムがあり、挿入もある」となると「忙しいのにそんなにできない」とハードルを感じるわけですが、「いたわりの延長線上で愛撫をする」くらいのものでもＯＫとする。自然と体に触れ合う機会が増え、誘う恥ずかしさも消え、プレッシャーもなくなってくるはずです。

セックスはコミュニケーションですから、お互いをいたわり合うセックスができていれば、嫌悪感は湧きにくいものです。そのためにも相手へのヒアリングは必須。何が好きでどんなことがしたいのか、何が嫌なのか。さらには自分の「外」の顔を相手に見せるのは効果があると友人談から得たのでこれもシェアしておきます。

不妊治療に臨む目に知っておきたい ヒント

78. 不妊治療以前に、男性は女性の、女性は男性の身体のことを調べておく。例えば生理前のPMS。知っていると「PMSだからイライラしている」と原因がわかってケンカを避けることもできる。妊娠にまつわる女性の身体についても男性は自ら調べておく。ネットで簡単に調べられる。

79. 不妊治療に取り組む人を嫌な気持ちにさせてしまう無自覚な言葉は、たいてい無知によるものである。

夫婦一体となって不妊治療に取り組むための ヒント

80. 子どもが欲しいかどうか、欲しい場合は不妊治療も視野に入れるかどうか、必ず話し合っておく。※お互いのさまざまな価値観を一緒に確認できるサービス「ふたり会議」というのもあるので利用するのも手。

81．不妊治療に禁忌なのは、どちらか片方がひとりで頑張っていると思ってしまう状況。孤独感を感じていないか気にかけながら進めて、熱量も擦り合わせる。

82．排卵日に合わせて片方からばかり誘うのはとてもつらいものであること。不妊治療は女性の身体の負担が大きいので、精神的負担はなるべく取り除くよう男性は動く。

83．相手がなぜこんなにも協力しないのか？　なぜこんなにひどいのか？＝まったく実情をわかっていないからであることが本当に多い。知る努力、伝える努力をともにすること。

84．不妊治療で気持ちが疲れ果ててしまうそうだったら一回休んでみるのもひとつの手。メンタルが追い詰められる前に休む。

85. 相手の感情を爆発させてしまったら、自分から歩み寄る以外道はなし。人はそう簡単に変わらないと思っている気持ちを解きほぐすには、根気よく変わった姿を見せ続けること。

セックスレスと向き合うためのヒント

86. 「セックスレス＝悪」ではない。セックスレスが問題になるのはどちらかが「セックスしたいのに拒否される」という場合。

87. セックスをし続けていきたいかどうか、お互いの意思確認をしておくこと。話し合いなどをせずに放置しておくとセックスの回数は年々減っていくもの。

88. 「相手がどんなセックスを求めているのか」「自分はどうされるのが好きか」など

共有しておく。セックスはコミュニケーションのひとつなのでいたわりがお互いにあることが必須。

89. セックスへのプレッシャーを下げることもしておいたほうがよい。挿入、オーガズムがなくてもよいとする

90. 同じ相手とずっとセックスをし続けるために必要なのが、外で仕事をしている、友人と会話しているなど「普段パートナーには見せない顔」を見せること。相手のセクシャルは自分のものではなく相手のものであるという認識を互いに持っておくこと。

第6章　「パートナーの精神疾患」編

5人に1人が精神疾患にかかる時代にできること

COLUMN

パートナーが精神疾患になったとき、どうする？

一生のうち5人に1人は何らかの精神疾患にかかると言われている日本。しかし、**いまだに精神疾患がタブー視されすぎていて、人々に必要な知識が行き渡ってない**と感じています。体の病気になったら病院へ行くのに、メンタルの不調では病院に行かなかったりする。同じくケガをしたら自分で応急処置をしたりとケアの方法を知識として知っているけど、心が疲れ果てたときのケアは知らなかったりする。ストレス発散！と言ってむしろ余計にストレスを溜める方法を取っている人もたくさんいます。

知識がないと病識（病気であることを自認している状態）もなかなか持てないし、そうなるとどうしても病状がこじれてしまってからの治療となり、完治までにかなりの時間を要することになってしまいます。

また、本人だけでなく、**親や友人、パートナーなど関わるすべての人に正しい**

知識があるに越したことはないと思うのです。

と、いきなり熱い思いを書きましたが、かくいう私も冒頭に書いたとおり、２度軽い不安障害になったことがあります。夫も夫で、セロトニン不足による強い自己否定感だったり、トラウマを抱えている状況です。私が不安障害のときは夫と「レクサプロだね、一緒の薬だ！」なんて言いながら、ふたりして毎日薬を飲んでいました。

パートナーの体の健康はもちろん、**メンタルの健康も思いやるというのは、夫婦を長年やっていくうえでかなり大切な要素**です。

というわけで次からは、うつを発症し休職した経験をもつご夫婦と犬山夫婦で**「精神疾患と夫婦」について考えていこう**と思います。精神疾患について、この本でこそ書いておかなきゃいけないなと思ったんです。

パートナーの精神疾患、どう支え合う？
（担当O夫妻のケース）

担当O（31歳）×妻K夫妻（29歳）

実はこの本の担当編集Oさんも精神疾患（うつ）に向き合っていました。そこで私たち夫婦と担当Oさん夫婦のディスカッションから、パートナーの精神疾患がどんな状態で、どんなふうに支え合ったのかをまとめていきます。

結婚後3か月でうつに……

O「僕が31歳で妻が29歳。約2年前、**結婚後3か月のときにうつになりまして**。その半年ほど前に仕事で揉める案件があり、そこから『挽回しないとまずいな』と徐々に自分を追い込んでしまっていたのかなと。仕事は騙し騙しこなしていたんですけど『自分ってダメだな』と思うことが多くなってきて。そこから徐々に気力が落ちていき、仕事にも支障をきたすようになって。**いよいよパンクしてしまい、病院へ行ってうつと診断されて休職する**に至りました」

自分をどんどん責めてしまうのは本当につらいものです。自分が悪くないことまで自分のせいにしてしまい、どんどん生きづらくなるんですよね。Ｏさんの妻Ｋさんにはどの段階で伝えたんだろう？

Ｏ「**当初、妻にはうつのそぶりは一切見せてなかった**んです。結婚する前からうつの傾向はあったと思うんですけど、妻の両親には挨拶に行ってるし、婚姻届を出す日も決めてたし……なんとかこの〝普通〟を維持して過ごしていかなければ、という気持ちでした」

これから結婚をするというときに、自分はうつ状態。「妻に嫌われてしまうのでは」「相手の親がどう思うか」「妻が『私のせいかも』と自分を責めないか」……**うつ状態だったらさらにそういった不安は大きくなるわけで、言い出すのはとても勇気がいることだった**

んだろう。そのために余計に頑張って……それはつらい。

O「でも、『うつで会社を休む』と妻に明かしたら、妻はあっけらかんとしていて。「つらかったなら休めてよかったじゃん」と。僕としては**病人として気を使われず普通に接してもらったことがとてもよかったな**と。妻にかけている負担を感じて申し訳なく思うことがなかったので、ありがたかったなと思いますね」

結婚したてのパートナーが仕事を休むことをことさら不安がることなく「つからったなら休めてよかったね」と言えるのはとても尊いですね。私は夫のうつ状態を結構な問題と捉えて**「悪化しないようにどうにかしなきゃ！」って夫の前でもバタバタしてまっていた**。これは夫からすると結構なプレッシャーだったんじゃないだろうか。逆にOさんは「自分のせいで妻が苦しんでいる」と余計な自己否定をせずに済んだわけで。

K「私としてはうつに関してわからないことだらけで『平常でいよう』という選択しかできなかったのですが……うつ関連の本を読んだり、薬を飲んでいる夫の姿を日々見ていくなかで徐々に現実として受け止めていきました。でも、これまで夫の働きぶりは大変そうだったので、休めるなら休んだほうがいいだろうなとは思っていて。今まで共働きで休みも合わなかったので、休職時に一緒に出かけられたりとか、一緒にいられた時間が夫にとってても私にとってもリフレッシュになったと思います」

「平常でいよう」とさらりと言えるのは、じつはものすごいことだと思うんです。当事者が平常じゃないぶん、相手がしっかりしてくれているのが救いになる。難しいことだけど、私も見習いたい。

「うつだけど仕事が休むの怖い」というジレンマ

改めて、Oさんはうつを患っていた際に何を思い、どう過ごしていたのか聞きました。

O「会社に行きたくない、というのが一番最初でしたね。やらなきゃいけないことはわかってるんですけど、頭と体が動いていかないという状況で。ダウンする半年くらい前からそう思っていたんですけど、それで会社を休んだりすると「**こいつは精神的に疾患があるから仕事が任せられない**」**という感じになってしまうのが怖かった、**というのはあったと思います。それで、**半年間は騙し騙し仕事を続けていた**感じですね。それまでは『うつなんて甘えだろう』くらいに思ってしまってもいました」

この「**休まなきゃいけないけど、仕事を休むのが怖い**」**って人はたくさんいる**んですよね。仕事は生きていくうえで必要なもので、それゆえにうつになるほど頑張ってしまうものだったりもします。これは**女性が妊娠したときに抱える不安とも似ています**。「大事な仕事を任せられない」「その後育児もあるし、戦力外」って思われるのが怖い。メンタルの病気や子どもを持つ女性が働くことに**「まだまだ社会的に制度と理解が進んでいない」という共通点**があるからかもしれません。私も妊娠して「ああ～仕事減るんだろうな」って不安はかなりありました。

〇「ですがその後、いよいよ仕事に支障をきたしてしまう状態になってしまい……。結果的にありえないミスをしてしまい、そのタイミングで上司にうつだと告げました」

確かに、**ニュートラルの状態で仕事ができないやつだと思われるのもつらい**。

〇「会社でも以前から『Oは大丈夫か？』みたいな感じにはなってたらしいんですよ。自分では気づいてなかったですけど、**今になって思えばもっと早めに告げて治療したほうがよかったな**と。幸い会社も『休んでいいぞ』と言ってくれましたし、復職後も元の部署に戻れました。そこは会社のケアに感謝してます。気持ち的にもラクになったのは、当時の局長の『戻ってきてもOの力を必要としてるから』という一言ですかね」

「ゆっくり休んでね」という言葉ももちろんありがたい。でも**心がラクになるのは「私はあなたの力を必要としてるから」って言葉**なのかもしれません。「仕事やりたいけど休まなきゃいけない」という状況の場合、こういう言葉が伝わってくるのは救いですよね。

○「とはいえ、休む前に抱えていた連載はすべて別の人に引き継いでいて、復職したときは仕事がまったくない状態でした。休んだことによる〝穴〟が消えたのは1年半後かな……いや、今でも消えてないかもしれません」

まさに私も産後に仕事が一時期減って、レギュラーを戻すのに時間はすごくかかった。リンクする話だ。しかし徐々に仕事量も戻し、最終的には増えた。さらには**精神疾患を経験したからこそ同じ立場の人の気持ちもわかる、人間の幅が広がった**と感じます。

でも本当は経験者でなくても、上司となる立場の人は「体調やメンタルの不調など感じたらすぐ伝えて。なるべく不安を取り除けるよう対応するから」と言えるようになることが大切。それくらい、仕事を休むって本人にとって恐怖でプレッシャーなんです。そして会社にとっても社員の早期治療は大切なことです。

夫の休職期間が妻にとってもリフレッシュになった

上司にうつであることを告げ、休職期間に入ったOさん。休みの間どのように過ごし、復帰後はどうだったのでしょうか？

○**「中程度のうつと診断されて、1か月間休職**させてもらいました」

1か月……。短い？ と外野ながらに思ってしまったのですが。

○「今思えば完全にリセットはできていなかったのかなと思います。その頃はまだ休み続けるのはよくないと気にしているところもあって。ただ、復職した直後は仕事量もかなり減らしてもらっていたので、できる範囲で働き始めて……という感じでした。**小さなことであれ徐々に『うまく仕事ができた』という成功体験が続いて、そこから少しずつ自信も**

回復して、元気になってきたのかな」

なるほど……休む期間はお医者さんと本人が真剣に考えて決めていることなので、外野が口を出す問題ではなかった。反省。

○「薬の効果もあったと思うんですけど、休職中にスッキリした実感も確かにあったんです。復職への不安は多少ありましたが、気力が回復してきていたのは確かでした」

ああ、良かった。もちろんこれはOさんの場合の話で、**うつといっても症状や回復速度は人それぞれ**です。しかし休んでいる間はどんな気持ちだったんだろう？　**私は仕事を休んでいる間、自分がレギュラーで出ていた番組は観れなかった**んですよ、『スッキリ』（日本テレビ）とか（笑）。悔しくて。

○「わかります。僕も『週刊SPA！』が並んでるのを見たくなかったので、コンビニには行かないようにしていました（笑）。見るとネガティブなことばかり考えてしまっていたので。意識的に『完全に仕事を切り離した環境にいよう』とは思っていました」

情緒不安定なときってどうやってもネガティブなほうに考えが向いてしまうので**「見ない」ってのは大切なことだなとも思う**んですよ。妻Kさんは夫が1か月間休んでいる間どんな気持ちだったんだろう。

K「こう言うとよくないなとは思うんですけど、これまで共働きで休みもほとんど合わなかったので、**休職期間に一緒にいられた時間が私にとってもリフレッシュになった**と思います。そうやってふたりで過ごす時間がたっぷりある環境を過ごしたことがなかったので」

妻にとっても休んだことがポジティブに作用していた。

K「でも、私としては夫のうつの原因が気になる気持ちもありました。聞いてみたいなって切り出してみたこともあるんですけど本人は言わなかったので、言いたくないいんだろうなって。もとから仕事のことはほとんど話さない人だったので……」

O「**仕事でミスをした話を妻にしたくない**っていうのが大きかったんですかね。そこも早めに妻に相談したりだとか、愚痴を言い合える関係のほうがメンタル的にはよかったのかなと最近は反省しています」

うつを経てコミュニケーションの取り方も変わったということですね。

O「なにか仕事でつらいことがあったときも、妻には極力弱い部分も見せられるようにしていこうと、今はそんなふうに考えています（笑）」

K「そう言ってくれることによって私も仕事の愚痴とか言いやすくなるし。**お互い我慢せずになんでも話せる関係性は以前よりある**と思います」

人間みんな弱くて強い。お互い、支え合ってナンボですね、ほんと。

パートナーの精神疾患、どう支え合う？

（劔・犬山夫妻のケース）

夫のうつの発覚が遅れた理由

ここからは我が家についてです。劔（うつ状態）、犬山（不安症）がどのように互いと向き合い支え合ってきたのか、引き続き、担当Oさんも交えて対談しました。まずは夫のうつがどのように発覚し、病院へ行くことになったのかについて。かなり苦戦したんです。

ー（犬山）：我が家はつるちゃん（夫）が**うつ状態だってわかるまで時間がかかったん**です。もともと気質がネガティブかつ、症状として体調不良が出やすいタイプで。うつも当初はなんだか体が重くて起き上がれない日がある、頭痛がするといった感じで……。

T（劔）：もとから自己肯定感が低くて、頭痛持ちなんです。ただ、その頃は**傷つきやすくなっていたのは確実にありました。**電車内やネット上で怒っている人を見ると自分も落ち込むことが多かったんですよ。ただ、自分がうつだって実感は正直なくて。

I：「怒っている人が怖いのは過去のトラウマのせいなのかな」と疑ってました（こう書くと「両親によるトラウマ」と思われてしまいそうなので一応補足すると、夫に両親によるトラウマはありません、夫の両親は素晴らしい人格者です）。**私がこれまで接してきたうつの人とは症状が違う**し、体が重い日でなければ通常どおり笑って楽しく過ごせていたのも判断が鈍ったポイントです。原因がわからないから『トラウマ治療の病院行く？』『この本読んでみて』と、私ももがいていました。でも、**それも夫の負担になっているようで難しかった**ですね……。そうやって話を聞いていくなかで〝自己否定〟がキーワードとしてあがってきたので、カウンセリングに一緒に行ったんです。でもハズレの先生で『中年にはよくある』で片付けられました」

担当O：「中年なら多かれ少なかれ誰にでもあるよね〜」くらいで片付けられちゃったってことですね。

I：そうですね。でも「そんな簡単な症状じゃない」という違和感はあって。それからは**「ネガティブな性格というのを差し引いても、やっぱりメンタル関連の病気なんじゃ？」**という考えを強くして、ネットでうつの症状について改めて調べ直したら『これじゃん』って。うつというとガラリと雰囲気が変わると思っていたけど、**その人のパーソナリティの延長線上に症状が出る人もいる**んだなって。症状はさまざまで、ひと括りにできないんですね」

O：劔さんがうつだと気付いたとき、本人にはすぐ知らせたんですか？

I：いや、**夫にはめちゃめちゃ言いにくかった**です。ただでさえ自己否定感がすごいのに「あなたはうつかも」と言うことによって余計悪くなるんじゃないかと怖かったですね」

T：僕はもとから若干パニック持ちだったこともあって、**その頃はおそらく複合的な状態だった**と思うんですよ。小さい頃から追い詰められると頭が真っ白になるんです。それがここ最近はまたひどくなっちゃった感じだったのかなぁ。

O：昔からのそういった気質もあって、自分の状態がうつだとはまったく思いもしなかったと。

I：トラウマがあって、プチパニックがあって、体調不良で……逆に要素が多すぎてわからなかったんですね。でも、やっぱり病院に行ってプロに診てもらわないと解決しないだろうと勇気を出して本人に話をして、診療内科に一緒に行きました。診断は「うつ状態で、症状的にはセロトニン（感情や気分のコントロール、精神の安定に関係する神経伝達物質）の不足が原因」で、もとから**セロトニンが少ない体質**だとも言われました。そこから服薬を始めた流れです。「病院に行ったら」と勧めてから、一緒に行くまでに1年かかりました。

「私がうつに追い込んでしまったのかも……」という罪悪感

発覚が遅れた夫のうつ（というかセロトニン不足）。この時期は、私の妊娠期間とも被っていました。

ー：妊娠中は情緒不安定になりがちで、しんどいときや余裕がなくなったときに、ワーッと感情を表に出して甘えたりしたいんですよね。**でも、夫も夫で大変な状態だしな……とかなり葛藤しました。** こう言うと夫が何もしてくれなかったように聞こえるかもしれませんが、妊娠中も仕事を続ける私のことを夫は本当に優しくサポートしてくれていたんです。それでも、妊娠しながら働くことや「子供を無事守れるのか」といったプレッシャーで私がつらくなってしまって……。**甘えるのはタブーだと思って抑え込んで、でも結局抑えきれなくて爆発して**……といったことがありました。

担当O：劔さんは薬を飲まれたりと治療を始めていくなかで、改善していく実感はありましたか？

T：少しずつ元気になっていったのかなと思います。本当にそんな感じの認識しかないのですが。

I：**効果を感じるまで多少時間はかかった**よね。でも、体が重くて全然動けないという日は明らかに減っていったし、自分を責め続けてどうしようもなくつらそうにしている時間も減ったように思います。最初に行った〝ハズレ〟カウンセリングとは異なる、序文に書いたカウンセリングにも行き、**「俯瞰で自分の感情を認知する」ということもやれるように**なってきました。たとえば自分を責めているときに「あぁ、今自分を責めちゃってるな」とまず認知する。そうすれば対処もできるという〝知恵〟もついてきて。

私も**理不尽なことで怒らないようにカウンセリングを受けたこと**によって以前よりも怒りにくくなったし、「怒ってるから別の部屋行かなきゃ」とすぐ対処できるようになったり。

T：確かに妻は怒らなくなりましたね。ありがたいです（笑）。

I：ずっと**「私がうつに追い詰めたんじゃないか」って罪悪感があった**んです。夫が先天的にセロトニンが不足しやすい体質だと先生に言われてわかっているし、自己否定も私と付き合う前からあったとわかっている。それでも、自分が悪化させてしまっているんじゃないだろうかと……。カウンセラーの先生にその気持ちを聞いてもらい、それは違うよと否定してもらえたのは助かりました。私が怒らないことで夫も元気な日々を過ごせる、それが嬉しかったです。

T：とはいえ、非常に落ち込みやすかったり自分を責めてしまうという僕のパーソナルな部分とは、いまだに戦い続けている感じです

かね。

I：セロトニン不足は先天的なものですが、パーソナルな部分は後天的なものなので、**カウンセリングや認知行動療法など今後もアプローチも続けていこうと思います。**

T：本当にこれは自分の性格なので。**今でも自分のことが苦手というか。**いいところがひとつも見つからないという気持ちはいまだにあります。

I：なので「治った」というよりは、セロトニン不足の症状だったり、自己否定感だったりとか、そういうものを**徐々に徐々に焦らず「よりよくしよう」としている状況**ですかね。長期戦です。とはいえ日々幸せだなあとお互いに言ってます。

「いいものも悪いものも〝刺激〟ってストレスになる」

発覚が遅れた夫のうつ・セロトニン不足の話の次は、私の不安症についてです。

——**私の不安症は1度目は結婚後、夫がうつ状態になる前**です。それはネットが理由だったんですけど、声が出なくなっちゃったんですね。まったく出ないわけではないのですが、声を出すのにものすごく気力がいる、そしてずっと動悸がしているような状態です。さすがに声が出ないのは仕事にも支障が出るのですぐ事務所に連絡して、1週間ほど様子を見ても改善しなかったので心療内科に行き、このときは**服薬治療で2か月程度で治りました。**

2度目は'19年の5月ごろ。児童虐待防止の活動をするなかで「どうにかして亡くなる子どもを減らしたい」という気持ちが強くあったんです。ですがコメンテーターのお仕事をするなかで自分自身の力不足を感じたり、「なんでこんな適当な情報を流すの？」という怒りを感じたり、つらいニュースで涙が止まらなくなってしまったりという状態になり……。**そして、今回もまたネットでさらに追い込まれて。**私の発言が拡散されて大量のレスが返ってくることがストレスでした。**いいものも悪いものも〝刺激〟ってストレスになる**んですよね。するとまた不安症になりまして。

今回は声が出なくなるのではなくて、**早朝にものすごい動悸で目が覚めるという症状**。「なにか取り返しのつかないことをしたんじゃないか、自分のせいで子どもたちに迷惑をかけてるんじゃないか」という思いが拭きれないほど強くなっていって。もう仕事もやめたくなって、事務所にもそんな話をしてました。でも「**この感じは不安症だ**」**と自覚はできていたのはよかった**と思います。事務所にも「私が言ってることは不安症という状況下での発言です」と混乱のないよう伝えることもできました。

担当O：2度目の治療は具体的にどうやって行ったんですか？

I：服薬治療と、**カウンセラーさんに話を聞いてもらった**ことで、4か月くらいで大丈夫になりました。**SNSの通知を切ったりと脳を休ませる方法も勉強**したりして。

そのときは夫も自分を責めている状態だったから、夫に不安をぶつけたくないなあという気持ちがあったんです。そんな気持ちもカウンセラーさんに聞いてもらってましたね。過去の体験から、ちゃんと病院に行って**夫婦だけで立ち向かわず第三者を入れるべきだと**

わかっていたのが大きかったです。

Ｔ：性格的に彼女は喜怒哀楽がすべて表に出るほうなので、つらいんだろうなというのは僕も感じることができました。かわいそうでしたね。でも**自分は何もしてあげられないんじゃないか、むしろ自分が悪いんじゃないか**って気持ちになっていて……。

Ｏ：そのころ、劔さんはどんなしんどさを感じていたんですか？

Ｔ：僕はデフォルトでダメなのがしんどかったですね。彼女はいいとき悪いときがあるのに、自分はずっとダメ。「不平等だな、自分

妻が
不安症
なのに…
自分は
こんな時も
支えて
あげられ
ないのか…

は役に立たないな」という感覚はありましたね。そこでちゃんと彼女を助けられたら自分にとってもプラスになると思うんですけど……。

I：でも、夫はとても優しくて気も遣ってくれるし、顔を見るだけで癒されるんですよ。育児や家事を頑張ってくれて、私が休むことに集中できる環境を作ってくれる。だから感謝しかないわけですが、感謝の気持ちを伝えても……。

T：僕は全然そういうのが響かないんですよ。

「お互いが不安定なときも愛情は変わらずあった」

I：**お互いが不安定なときも愛情は変わらずありました**。綺麗事じゃなく心底大好きで、尊敬していて。それはこれまでの彼の優しさや思いやりの積み重ねのおかげですね。だから離婚したいともほぼ思いませんでした。唯一、離婚したほうがいいのではと思ったのは、**私のせいで夫がうつになっているんじゃないかと自分を責めたとき**。「自分が夫に対して悪であるならば、大好きだけど別れるしかない」と。まぁそれもカウンセラーさんに話して否定してもらい、すぐ正気に戻りました。

T：仲はめちゃくちゃ良いんですよ。

I：お互い状態が悪くても、ただそこにいてくれたら嬉しい感じです。「生きてくれてありがとう」みたいな気持ちがあって。**それは揺るがない**ものだなと。

O：つまり、ふたりの間に大きな愛情や信頼関係があったからこそ、乗り越えられた、と。

I：ただ、これは程度だったり症状による部分もあるので、あくまで「私たち夫婦の場合は」という話かと思います。でもやっぱり、**いざというときにお互いを信頼したままでいられるのはそれまでの日常が本当に大切**なんだよなと。これが夫に毎日「なんで家事全然しねーんだよ！」みたいにキレてたら違っていたかもしれません。

T：僕は、彼女がすごく勉強してくれる人というか、**先人の知恵に学んで自分を見直す人だったから、僕にとって助けになっていた**のかなと思います。人とはちょっと違うって感覚をもって生きている人って、なかなか理解されないじゃないですか。今でこそ人はそれぞれなんだっていう考えが声高に言われるようになってきてますけど、今まではそうじゃなかった部分もあったので。

僕の場合は「僕が人と違う」っていうのを学ぼうとしてくれる人（＝妻）によって非常に助けられている部分はあるのかなと思ってます。何か不都合があったときに詰め続ける人だったら、僕は潰れてしまっていたと思うんですよ。

I：私は結局、**うつもひと括りにできないということを痛感**しました。うつになった原因がそれぞれ違ったり、元からの性格による部分もあったりで、同じうつという状況でも人によって全然違うんだなと。ただ、**共通しているのはきっちりとプロに頼って、第三者の力を借りる**、ということですね。今となっては、なぜもっと早く夫を心療内科に連れていけなかったのか、なぜもっと早く私の怒りっぽさを問題視してカウンセリングを受けなかったのかと思います。もっと**精神疾患への知識と理解、心療内科、カウンセリングのハー**

ドルが下がるといいですよね。

今現在、互いの憂鬱も愛し合えるくらいまでになっているのかなと思います。あ、でもまだまだイラっとしてしまうのは人間だからあります。でも互いに「こんな幸せでいいんだろうか」と娘を見ながらたまらず言ってしまうくらいには日々楽しくやれています。だって、自分には信頼できる味方がいて、ぶっちゃけ自分よりも大切だと言い切れる人がいるんですもの。その状態だと、隣で夫が息をしているだけでたまらなく嬉しくて、心の底から幸せがこみ上げてくる。夫は生きているだけで私を幸せにできるんですね。

精神疾患と向き合った先に「幸せ」ってのはちゃんとあります。そしてそうした時期を過ごすことで、この先何かあっても支え合っていけるなあって土壌が整ったわけです。

COLUMN

パートナーの「うつ」に、家族はどう接するべき？

現状お互いがうつでなくても、知っておきたい対処法。すべての人に必要な知識だと思うので、以下、厚労省がまとめている「こころの耳」から家族の理想的な対応をまとめ、紹介します。

【パートナーの食欲がない、口数が減った、趣味のものに興味を示さない、眠れていない……そんなとき、病院にかかるまでの対応】

・家を安心して休める場にする
・相手の話を否定せず話を聴く。話したがらない場合は無理やり聞かず「話したくなったら話して」と伝え、そっと見守っているスタンスで
・様子を見守っていても、以前と違う状態が続くようだったら病院に行くことを

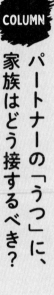

勧める。「うつ」とは言わず「疲れが抜けない状態がずっと続いているのが心配」と伝え、初診には付き添えるとより良い

【病院にかかった後の対応】

・原因探しをしない。実際、さまざまなことが関与して特定できないこともよくある。「今何ができるか」を中心に考えて、本人がストレスを感じることを取り除く

・励まさない

※ただ励ましが効果的な時期もあるため主治医に相談を

・無理に特別なことはしないでおく。気分転換に旅行、パーッと飲みにいこうなど。疲労感や楽しめない自分に嫌悪感を持つこともあるので、本人が楽しみたくなる気持ちが湧くのを待つ

・大きな決断は先延ばしにする。自責の念から離婚や離職などについて口にすることがあるけれど、心理的な視野狭窄が起きてしまっている。否定はせず「もう少し良くなったら一緒に考えよう」と説明を

・受診に付き添いはオススメ

加えて、自殺予防の十か条も記しておきます。

次のようなサインを数多く見られる場合は、自殺の危険が迫っています。早い段階で専門家に受診させてください

1. うつ病の症状に気を付ける
2. 原因不明の身体の不調が長引く
3. 酒量が増す
4. 安全や健康が保てない
5. 仕事の負担が急に増える、大きな失敗をする、職を失う
6. 職場や家庭でサポートが得られない
7. 本人にとって価値あるものを失う
8. 重症の身体の病気にかかる
9. 自殺を口にする

10．自殺未遂に及ぶ

私も当事者として、どれもこれも頷けるものばかりです。

ここにまとめたものがより詳しく、どこの医療機関にいけばいいのかなどもまとまっているのでぜひ、「こころの耳」の「ご家族にできること」を検索してみてください。

パートナーがうつだとわかったときのためのヒント

91. なるべくパニックにならず冷静に接する。プレッシャーをかけないように。

92. 仕事を休まなきゃいけないけれど休むことに恐怖を抱えるパートナーには、休職することに肯定的な態度で接すると相手もラク。

93. 仕事のことは相手には言わないという自分ルールは、追い詰められたときに相手に相談できにくいので危険。

94. 必ずプロに助けてもらうこと。病院に行くよう、本人を最大限傷つけないように説得する。そのためにも精神疾患の偏見をお互いになくしておく必要がある。

95. 相手を支え続けるのは大変。自分を責めてしまうことも。支える側も第三者に頼ることは必須。臨床心理の資格を持つカウンセラーなどプロに頼って。

96. 精神疾患にかかる＝不幸な人生ではない。互いに支え合うなかで生まれる絆や生まれる幸せを感じることもたくさんあることを知っておく。

普段から意識しておきたい ヒント

97. ５人に１人が生涯で精神疾患になるということを知っておく。パートナーがなるかもしれないという心算で、お互い知識を持ち、共有しておくこと。

98. メンタルケアにおいて認知行動療法は効果がある人も多く、エビデンスもある。うつでなくても知っておくとよい。

99. ＳＮＳは通知を切ることができる。それだけでもストレス軽減になる

あとがき

取材と読書を重ね、１００のヒントが集まりました。お役に立てていたらこんなに嬉しいことはありません。

「人は変わらない」とよく言われますが、関係性のなかで人は変わりますし、そもそも人を作り上げるのは関係性です。

しかし、**関係性というのは生き物なのでメンテナンスをしないといつか死にますし、逆に大事に育ててゆけば、素晴らしいものができあがります。**せっかく結婚までしようと思った相手がいるなら、メンテナンスを試してみる価値は大いにあると思うんです。そのためのよりよい方法は先人から学べますし、プロに相談するのも非常に有効。それでも無理なら離婚ももちろん大切な選択肢です。個人の力で変えるのが難しいケースもありますし。

「結婚は人生の墓場」ではなく、「結婚は人生の墓場にもなり得るし、聖域にもなる」「夫

婦円満の秘訣は妥協ではなく認め合うこと」と変わったらいいなと思っています。妥協していると思っていることは、パートナーと寄り添い話し合うことで「認め合った」に変わりますから。

もし今すぐにでも関係を良くしたいと思ったら、パートナーの声に耳を傾けてください。**「今自分たちの関係で思うことがあったら、まとまってなくてもいいから教えて。反論せずしっかり聴くから。味方でありたい」とリラックスして伝える**んです。そして、自分の気持ちも伝えましょう。

それが難しい場合は、ぜひ夫婦でこの本をシェアしてきっかけにしてください。

他人円満の秘訣は、夫婦が敵ではなく味方同士であるという関係性を作ることに尽きると、すべてのヒントを読み返して思います。**私自身、取材を通して「夫と私は味方である」ということを強く意識するようになり、言動がかなり理性的に、先を考えてできるようになりました。**傷つく言葉を投げかけられても「感情的になってそういう言葉が出てしまったんだな、本心ではない」とお互い思えるくらいに信頼もしています。

揉めることはしょうがないし、問題だって起こるものです。でも味方となら解決できる。向いている方向が同じですから。問題だらけの弱い人間は寄り添うことで強くもなれるんですね。

最後に、取材に協力して下さった皆様、担当Oさん夫婦、愛する夫に感謝を。

どうかみなさんの夫婦生活がよりよくなりますよう。最後まで読んでいただきありがとうございます！

犬山紙子

---

100. お互いが関係をよくしようと思い、口に出した瞬間から2人は良い方向に転がり出す。その先にあるのは「互いに生きているだけで喜びを与えあえる」という、人生の大きな褒美である。

犬山紙子（いぬやま かみこ）
'81年、大阪府生まれのコラムニスト。'11年、“美女にもかかわらず負けている恋愛エピソード”を収集した著書『負け美女〜ルックスが仇になる〜』（マガジンハウス）でデビュー。その後も『高学歴男子はなぜモテないのか』（扶桑社新書）、『言ってはいけないクソバイス』（ポプラ社）、『私、子ども欲しいかもしれない。』（平凡社）など計14冊の著書を上梓。近年は執筆業のみならずTVコメンテーターとしても活躍し、『スッキリ』（日本テレビ系）、『ワイド！スクランブル』（テレビ朝日系）、『報道ランナー』（関西テレビ）にて日替わりコメンテーターとして出演中

扶桑社新書 327

すべての夫婦には問題があり、
すべての問題には解決策がある

発行日 2020年3月31日　初版第1刷発行

著　　者………犬山 紙子
イラスト………劔 樹人
発 行 者………久保田 榮一
発 行 所………株式会社 扶桑社
〒105-8070
東京都港区芝浦1-1-1 浜松町ビルディング
電話 03-6368-8875（編集）
03-6368-8891（郵便室）
www.fusosha.co.jp

DTP制作………Office SASAI
印刷・製本………株式会社 廣済堂

Printed in Japan　ISBN 978-4-594-08450-9